AF236064

Burghard Ehrenberg

Burgis Gedanken

über

Corona

Impressum

Bibliografische Information der Deutschen
Nationalbibliothek:
Die Deutsche Nationalbibliothek verzeichnet diese
Publikation in der Deutschen Nationalbibliografie;
detaillierte bibliografische Daten sind im Internet über
http://dnb.dnb.de abrufbar.

© 2020 Burghard Ehrenberg

weitere Mitwirkende: Burghard Ehrenberg jr.

Herstellung und Verlag: BoD – Books on Demand,
Norderstedt

ISBN: 978-3-7519-9720-1

Meine Gedanken über Corona, über den oder einen Virus. Wer setzte weltweit so etwas frei? Wer will oder kann es erklären? Keiner kann sich wirklich dagegen wehren, das ist ein moderner Weltkrieg mit Viren, das die Erfinder auch mit draufgehen oder vielleicht sogar zuerst infiziert werden und sind oder schon verstorben. Doch wen möchte oder wen sollte man den schwarzen Peter zuschieben? Alle wissen es, Keiner spricht es aus. Absicht oder Versehen? Der Chinese ist der Grund, doch alle halten den Mund. Es könnte jedem anderen auch passieren, die ganze Welt zu infizieren.Wir können es anpreisen, globalisiertes Reisen, es ist schon alltäglich. Alle Krankheiten sind möglich.

Die Medien machen Panik ohne Ende, das ist wahrscheinlich erst der Anfang. Italien ist im Moment am schwersten betroffen. Viele Großveranstaltungen sind abgesagt, unsere Bevölkerung macht teilweise Hamsterkäufe, selbst Desinfektionsmittel ist überall ausverkauft. Hände geben ist out. An Umarmungen und Küsschen ist gar nicht zu denken. Die Angst in der Bevölkerung steigt von Tag zu Tag. Große Ansammlungen von Menschen sind zu vermeiden. Viele gehen gar nicht mehr normal zur Arbeit, es wird überlegt, ob die Schulen geschlossen werden sollen, Kindergärten, Krankenhäuser nur nach Kontrollen betreten werden dürfen.

Einen Impfstoff gibt es nicht, muss erst entwickelt werden, es dauert mindestens ein Jahr und länger, also der Mensch muss selber, wenn er dann stark genug ist, Antikörper bilden. Viele die ein schlechtes Immunsystem haben, werden an diesem Virus versterben. Die Wirtschaft braucht schon Unterstützung vom Staat, kleine Firmen werden Insolvenz anmelden müssen. Normales Leben ist im Moment nicht möglich.

Selbst Reporter, Berichterstatter stehen schon unter Quarantäne. Die Bevölkerung ist völlig verunsichert, Ärzte empfehlen zu Hause zu bleiben, also hamstern ist nicht unberechtigt, die Lebensmittelproduktion kommt ins Stocken.

Spaß war gestern, die Bevölkerung bekommt Existenzängste, hoffentlich eskaliert die Situation nicht noch. Selber überlegt man auch, oder? Die Politik versucht ein Hilfsprogramm aufzulegen, mit Geld subventionieren; ist es überhaupt möglich noch in eine Normalität hineinzukommen? Wie reagiert am Ende die Bevölkerung? Wie kann man überhaupt helfen? Sich selbst oder Anderen. Jeder ist sich selbst der Nächste. Eine Krankheit unberechenbar, selbst für Ärzte. Wenn sogar die Helfer nicht mehr helfen können. Machtlosigkeit ist die größte Katastrophe. Kranke werden abgewiesen, vielleicht gerade noch durch die Hintertür abgefertigt.

Na lecker, Kranke zum Abdecker. Makaber. Sie werden aussortiert, es ist eine Seuche; Selbsthilfe zur Hilfe.

13. MÄRZ 2020

Dänemark sieht sich für seine Bürger in der Pflicht und macht die Grenzen dicht. Viele denken vielleicht es ist unverfroren, doch eine Panikmache ist schon so eine Sache. Gesunde oder Kranke dann gibt es keine Schranke. Die Bestie Mensch ist zu allem fähig, geht es ihm an den Kragen, hilft kein Bitten und kein Klagen. Eine weltweite Seuche, erinnert man sich plötzlich an alte Sitten und Gebräuche. Kranke und Gebrechliche werden aussortiert, ausgesetzt in Seuchenstationen. Panikmacher und blauer Dunst sind unter uns, ein Funke bloß und sie schlagen los. Die Angst es ist uns allen klar, ist unberechenbar. Auch die Staatsgewalt, lässt den Panikmacher völlig kalt. Es ist Krieg, zwar leise und einmal auf andere Weise. Es wird probiert oder auch inszeniert. Wer hat dann gehetzt die Botschaft der Seuche in die Welt gesetzt? Wir werden alle verbraten, sollte die Weltgemeinschaft aus den Fugen geraten. Wo sind die Quellen, die unsere Ordnung wiederherstellen?

Die Politiker haben heute beschlossen Schulen und Kindergärten bis zum 19.03 zu schließen- bis auf

Ausnahmen. Krankenhäuser bereiten sich meist nur noch auf Corona Fälle vor, alle anderen Kranken und Krankheiten werden zurückgestellt. Öffentliche Veranstaltungen werden untersagt, Kneipen, Discos, Bars und Restaurants werden geschlossen, bis auf wenige Ausnahmen. Reisen sind und werden drastisch eingeschränkt. Selbst Familien, Jung und Alt sollten getrennt

ihren Alltag bestreiten. Keine unmittelbaren Kontakte pflegen; möglichst zu Hause bleiben. Doch es gibt auch genug Leute, die sich nicht an diese Anordnungen halten, nehmen anscheinend die Sachen gar nicht ernst. Das sind dann die ersten Schreier nach Wiedergutmachung, nach Staat und Politik. Erinnerung der Bürgerpflichten, hat noch nie einer etwas von gehört. Wir wollen und sollen zusammenhalten aber jeder macht seins.

14. MÄRZ 2020

Die Maßnahmen werden noch ernster. Alle öffentlichen Veranstaltungen sind unmissverständlich abgesagt – verboten. Kneipen und Restaurants müssen sofort schließen. Der Bund und die EU legen Programme auf die Verdienstausfälle sowie Firmen mit Kapital oder Bürgschaften unter die Arme greifen. Ab Montag den 16.03.2020 bleiben Schulen und Kindergärten geschlossen; Selbst Familienfeste sollten unterbleiben.

Die Hamsterkäufe gehen weiter, obwohl angeblich die Versorgung mit Lebensmitteln im Moment noch funktioniert. Auch die Ängste der Bürger sind wohl irgendwie begründet. Es gibt trotzdem genug Bürger, die die Pandemie nicht ernst nehmen, bringen andere Bürger damit direkt in Gefahr. Jeder Bürger hat doch die Möglichkeit sich zu informieren. Sie wundern sich dann, dass irgendwann von den Behörden Zwang ausgeübt wird.

15. MÄRZ 2020

Die Unsicherheit der Bevölkerung steigt von Tag zu Tag, im Moment werden die Inseln evakuiert, Gäste müssen nach Hause fahren, Ärzte versuchen die Bevölkerung zu beruhigen. Jetzt sollen alle Grenzen geschlossen werden. Gegen wen oder für wen? Gegen Fremde? Für uns? Oder gegen den Virus? Aber der Warenverkehr läuft problemlos von und ins Ausland. Waren und Lebensmittel gibt es genug, keiner braucht hamstern. In Thüringen wird angeblich ein Impfstoff entwickelt, den der Amerikaner Trump kaufen möchte. Sich wohl die Rechte sichern will. Gerüchte oder Wahrheit? Es ist schon eine Ungewisse Situation, doch viele Leute halten sich nicht an die Anweisungen der Politik und die Ordnungskräfte. Sogar die Bundeswehr wird mobilisiert, selbst Reservisten sollen Aufgaben übernehmen. Das normale Leben und der Alltag kommen zum Erliegen. Viele denken nur wer soll das bezahlen. Doch die Gesundheit der Bevölkerung geht nun mal vor. So zwingt man die Staaten, ja sogar die Weltgemeinschaft in die Knie.

17. MÄRZ 2020

Wen kann man da am besten fragen, wie man aus der Not der Menschen viel Kapital herausschlagen kann? Die Wirtschaft und die Politiker. Wenn die Wirtschaft der Autoindustrie am Abgrund steht, sie haben das Volk belogen und betrogen, da kommt das Virus gerade Recht. Milliarden fließen unkontrolliert. Gar nicht schlecht, da kommt mir gerade die Erinnerung, welche noch jung ist, die Wiedervereinigung, wo die Milliarden im wilden Osten versunken sind, wo nach dreißig Jahren nicht einmal ein Gericht darüber spricht. Die großen Firmen sich hoffnungslos verschulden. Was eigentlich keiner duldet, die Atom-Industrie am Boden liegt. Kohle will keiner mehr haben, die Windkraft und die Sonnenenergie zwingt man in die Knie, auch Elektromobilität steht irgendwie auf der Kippe, die Kreuzfahrer bauen Schiffe über Bedarf. Der Chinese kauft alle Industriezweige auf, alles nehmen wir am Kommentar in Kauf.

Auch wenn jeder sagt, er spinnt, die Zeit verrinnt, jetzt können die Kapitalfresser in Ruhe überlegen, sich aufzugeilen, den Milliarden Kuchen unter den größten aufzuteilen, den Kapitalmarkt der kleinen Leute nehmen sie da gern zu Hilfe, sie haben ja wieder einen triftigen Grund gefunden. Gerade noch zur rechten Zeit. Unser Leben und unsere Gesundheit ist uns ja viel Wert. Über die immensen Kosten hat sich meist keiner öffentlich beschwert. Also fängt der kleine Mann eben wieder von vorne an zu sparen, so wie seit vielen hundert Jahren.

Die Spargroschen der kleinen Leute ist ja jedem ein Dorn im Auge, jetzt können sie ohne viel zu fragen zuschlagen. Kassen sind ja genug da, EZB, Krankenkassen, Rentenkassen, Bundesbank, der Staat der ja immer kein Geld hat, zaubert sich etwas. Es werden immer neue Töpfe ge- oder erfunden.

18. MÄRZ 2020

Ab heute dürfen Textilgeschäfte nichts mehr verkaufen, Elektromärkte schließen, Baumärkte, große Einkaufszentren werden zeitweise geschlossen mehr als zweitausend Menschen dürfen dort nicht mehr hinein. Es konzentrieren sich dort ca. fünfzig Läden oder mehr, Deutsche werden aus der ganzen Welt nach Hause geholt, es werden ca. 50 Millionen Euro zur Verfügung gestellt, allein für diese Aktion. Es heißt: Es koste, was es wolle. Krise ist Krise. Die Unterwelt spitzt schon die Ohren. Viele große Sprüche der Politiker, hoffentlich gibt es ein gutes Ende. Private Sammlungen werden schon laut und der Bürger öffnet das Portemonnaie, ich bin ja nicht für hetzte doch der Staat hat doch seine Notstandsgesetze, höhere Gewalt, Risiko für jeden Bürger, normales Lebensrisiko bei uns wird es etwas abgefedert durch den Staat. Doch jeder Bürger muss auch Abstriche machen.

19. MÄRZ 2020

Der, Die, Das Virus ist jetzt schon überall, bringt auch den stärksten Mann zu Fall. Italien hat schon 3500 Tote zu beklagen, dass geht auch den härtesten auf den Magen. Und immer wieder neue Schlagzeilen, die Kieler Woche im Juni ist abgesagt. Die Verkäuferinnen und Verkäufer in den Lebensmittelmärkten, die Apotheker und alle die mit viel Publikumsverkehr zu tun haben bekommen es langsam mit der Angst, es werden Handschuhe, Schutzmasken und sogar um den Kassenbereich Schutzzonen eingerichtet, doch es gibt immer noch Kunden, die zeigen überhaupt kein Verständnis.

Randalieren und Hamstern Ware, Egoisten vor dem Herrn. Richten sich nicht an die Anordnungen der Regierung und der Ordnungskräfte. Deshalb wird es noch strengere Maßnahmen und Verbote geben, um die Bevölkerung zu schützen. Die Existenzängste werden immer größer, bei den Firmen sowie beim Bürger. Es wird in Erwägung gezogen sogar Soldaten einzusetzen, um die Anordnungen auch mit Gewalt durchzusetzen zum Schutze jedes einzelnen Bürgers.

Es herrschen schon kriegsähnliche Zustände, weil eben viele, zu viele sich nicht an die Anordnungen halten. Es wird sogar eine Ausgangssperre erwogen. Das gesellschaftliche Leben ist auf null gefahren, trotzdem halten sich nicht alle daran und kriechen dicht zusammen, halten sich auch in so einer Krisensituation nicht daran, es ist einfach kriminell den Mitmenschen gegenüber.

Viele Ärzte und Chemiker forschen Tag und Nacht an dem erlösenden Gegenmittel, doch es dauert eben, es muss ja auch sicher sein. Viele Testphasen durchlaufen, das kann dauern. Jeder kleine Handwerker, Kneipier und so weiter versucht für seine und für sich Anträge zu stellen, um die aufgelaufenen Kosten und Löhne zu bezahlen. Angeblich sind für die Kleinen und Kleinstbetriebe? Milliarden Euro aufgelegt. Wenn es dann endlich anläuft und jeder Bedürftige etwas abbekommt, durch die Verordnete Schließung.

21. MÄRZ 2020

Die Angst geht immer stärker um. Die Gäste mussten alle nach Hause fahren. Auch die hier einen Zweitwohnsitz haben wurden nach Hause verwiesen. Noch ist kein Hausarrest zwingend angeordnet, doch in

Erwägung gezogen, wenn die Leute unvernünftig sind und nicht nur die aller nötigsten Gänge erledigen. Es sind auch Kontrollen der Polizei unterwegs, die auf Einhaltung der Anordnungen der Behörden sehr konsequent achten, werden auch mit Strafen geahndet. Es sind auch täglich mehr Infizierte und auch Tote zu beklagen. Jeder mit dem man spricht, hat schon ein mulmiges Gefühl, es sind auch nur noch wenige Leute unterwegs, wir hoffe das es jetzt jeder begriffen hat, dass die Lage sehr ernst und für jeden lebensgefährlich ist. Alle hoffen auf Hilfe und den Rettenden Impfstoff, jeder möchte leben und überleben.

Nach so einem Virus haben die undankbaren Menschen schon jahrzehntelang gebettelt, sonst hätten sie siebzig Jahre nach Kriegsende einen neuen Krieg angezettelt. Die Menschen können eben nicht friedlich nebeneinander leben. Diese Seuche Corona haben wir selber zu verantworten, wir sind heute weltweit unterwegs, die meisten ohne Schutzimpfung und Vorsichtsmaßnahmen.

Geht es dann schief wird nach Hilfe geschrien und die Allgemeinheit soll es bezahlen. Heute sind weltweit alle Menschen betroffen, es gibt noch keinen sicheren Impfstoff und wenn wollen ihn alle haben. Zur Not auch mit Gewalt, gerade in der „Ersten" Welt sind so viele Egoisten, denken nur an sich, andere Menschen gibt es nicht. Der Kampf geht erst los, wenn es an die Gesundheit der Egoisten geht, dann regiert das Geld.

Wer soll diese Großkotze denn Entmachten? Sie werden sich wie immer ihre Macht und Gesundheit, wenn irgendwie möglich erkaufen.

23. MÄRZ 2020

Es gab schon viele Visionen, Kinofilme, jetzt ist es Wirklichkeit geworden, die Menschen vergiften sich mit Krankheiten, Viren, es ist fast gar nicht mehr gut zu machen da hat die Menschheit so lange es sie noch gibt dran zu knacken. Diese Krankheitserreger einzudämmen oder auszurotten wird schwer sein. Die Weltwirtschaftlichen Schäden gehen ins Unermessliche, wenn es herauskommt, welche Nation die Verantwortung hat oder übernimmt, stehen uns auch noch kriegerische Auseinandersetzungen bevor. Atom wäre dann unser Untergang der ganzen Welt. Die Unvernunft der Menschheit ist genauso unermesslich, selbst Hilfsmittel die uns etwas schützt vor dem Virus, werden gestohlen, verschoben, horrende Preise dafür verlangt, werden gekauft, bezahlt und nichts kommt davon an. Die Unterwelt ist wieder tätig. Auch von den Hilfsgeldern wird abgezweigt.

Die Kanzlerin hat sich angeblich auch mit dem Virus angesteckt, von einem Arzt, bei einer Besprechung. Die Maßnahmen sind nochmals verschärft werden, nur noch maximal zwei Personen zum Einkauf und Besorgungen. Abstand mindestens 1,50 bis 2,00 Meter.

Alle sollen zu Hause bleiben und nur mit den Leuten, die immer in der häuslichen Gemeinschaft leben. Hamsterkäufer sind verboten, es ist leider nicht kontrollierbar.

24. MÄRZ 2020

Unter dem Motto, stell dir vor es gibt Krieg und keiner geht hin, der Krieg kommt zu dir, zu jedem Einzelnen von uns, in Form von Krankheit, ein Virus, den vielleicht manchen einer, wenn er genug Abwehr im Körper hat übersteht, doch manch einer wird davon sterben. Die Angst geht um, wie wird es weitergehen? Die Ausgangssperre greift überall. Wie lange halten sich die Menschen daran? Irgendwann terrorisieren sie sich gegenseitig, solange jeder ein Einkommen hat, um sich Essen und den Lebensunterhalt leisten zu können. Doch irgendwann werden sich Gruppen organisieren und dem Bürger der sehr verunsichert ist bedrängen. Sich an die letzte Habe der Bürger bereichern, denn auch die Ordnungskräfte sind „nur" Menschen, genauso anfällig und weil es zu wenige sind permanent überfordert. Also haben die Terroristen leichtes Spiel. Für diese Leute gibt es keine Verbote.

Der Bundestag wurde einberufen, das Hilfspaket ist geschnürt, wie stramm oder wie locker wird sich irgendwann noch rausstellen. 150 Milliarden für Klein und Mittelbetriebe, Kleinstbetriebe brauchen die Hilfe nicht zurückzuzahlen. Große und die größten Betriebe werden Hilfen auf Kreditbasis ohne Verzinsung und Steuererleichterungen bekommen. Alle Firmen sollen aus der Krise neu hervorgehen Keiner soll und darf auf der Strecke bleiben, wie die Gesamtwirtschaft es verkraftet, hängt auch von der Dauer der Krise ab. Die Hoffnung der Menschen ist das jeder der noch nachbleibt seine völlige Gesundheit wieder erlangt oder gar nicht erst erkrankt. An allen unseren Ver- und Entsorgern wurde großer Lob verteilt, die Belohnung der Mühe soll mit Bonuszahlungen erfolgen.

Manch einer möchte wissen was man den ganzen Tag so treibt und das hoffentlich vom Virus nicht übrig bleibt. Das Essen steht im Moment im Mittelpunkt und das der tägliche Streit nicht zu sehr eskaliert. Wer einen Garten hat ist ja gut ausgelastet, etwas einkaufen einmal am Tag steht natürlich auf dem Fahrplan. Kann man gut abpassen, wenn nicht allzu viel los ist, man will und soll ja nicht hamstern, wenn man geldlich etwas vorgesorgt hat gibt es alles zu Kaufen. Auch Toilettenpapier ist wieder in den Regalen. Natürlich haben manche Läden geschlossen.

Kneipen, Restaurants, Textilgeschäfte, Buchläden, Autowerkstätten,

auch viele Handwerksbetriebe, man soll ja zu jedem Menschen ca. 1,50 bis 2,00 Meter Abstand halten, möglichst im Hause bleiben. Doch es gibt genug die es nicht durchhalten, die Gefahr ist noch lange nicht gebannt. Keiner kann voraussagen machen, wir klammern an der Hoffnung und auf Gott vertrauen.

26. MÄRZ 2020

Gilde ist abgesagt. Die größte Geisel der Menschen Angst, vor Hunger, Krankheit, Krieg, alle Errungenschaften die man sich im Laufe seines kurzen Lebens geschaffen hat sind dahin. Wenn alles dann überwunden ist, haben alle die große Fresse wieder auf, so ein Virus trifft die ganze Welt mit voller Wucht, man sieht seine Machtlosigkeit und das wird von mafiösen Gruppen schamlos ausgenutzt. Geschäftemacher, aus der Not der Menschen Kapital schlagen. Alles wird geboten, um diese ausweglose Situation möglichst schnell ungeschehen zu machen. Alle Systeme sind irgendwie verwundbar, so ist es auch mit unserer weltweitvernetzten Computer Stromtrassen, Gaspipelines, die Ausbeutung unserer schönen Erde nimmt kein Ende oder ein schlimmes Ende. Selbst vor dem Universum machen wir kein Halt. Auch andere Planeten möchten wir besiedeln.

27. MÄRZ 2020

Jetzt ist es so weit der Hilfsfond ist besiegelt, Anträge können gestellt werden, kleine Firmen brauchen die Gelder nicht zurückzubezahlen, große Konzerne bekommen großzügige Kredite, rückzahlbar in zehn Jahren oder vielleicht gar nicht. Keiner weiß es genau. Wir Deutschen haben genug zu tun; Material, Schutzausrüstung für Ärzte und Krankenpfleger zu beschaffen. Es ist alles schon lange bestellt, nur es ist nichts angekommen, es ist schon bezahlt, keiner weiß wo es geblieben ist. Es ist lange schwarz verkauft in alle Welt verscherbelt. Die Autoindustrie hat eine Maschine aus China geordert, die Schutzmasken zu produzieren, da unsere Politiker völlig überfordert sind, so wird es auch mit den Hilfsmilliarden gehen. Zum Schluss weiß keiner wo die Gelder geblieben sind. Wir haben sogar hunderte Intensivbetten und Intensivstationen erstellt, haben keine Pflegekräfte und keine Beatmungsgeräte, wir nehmen sogar Intensivpatienten aus Italien auf, haben keine Geräte und Kapazitäten für die eigenen Leute. Hilfe ist gut aber womit?

28. MÄRZ 2020

Die Kreuzfahrer sind ja ganz schön brutal, bricht auf dem Schiff so eine Krankheit aus wird sie bis zuletzt verschwiegen, sie laufen den nächsten Hafen an, lassen die ganzen Passagiere aussteigen, sie werden nach

Hause verfrachtet mit öffentlichen Verkehrsmitteln. Bus, Bahn, Flugzeug, Taxen, erst viel später kommt alles raus und die Menschen von den Schiffen haben viele andere angesteckt, unverantwortlich, doch jeder Tag länger an Bord kostet hunderttausende. Die Zeit ist um, also runter vom Kahn, neue Ladung, das Schiff wird desinfiziert, dann geht es wieder los. Die Jagd nach dem lieben Geld, jeder der zu Schaden kommt hat Pech gehabt, ist er erst einmal von Bord, muss er beweisen, dass er oder sie es sich auf dem Schiff eingefangen hat. Ist schon sehr schwer. Die Welt ist voller Fallen, wir haben sie meist selber zu verschulden.

Solche Katastrophen sind in unserer ersten Welt einfach nicht mehr vorgesehen. Wir könnten es auch nicht entschuldigen. Es gibt zwar Notstandsgesetze, Notfallpläne, doch keiner weiß so recht damit umzugehen. Wir versuchen es mit Geld zu umgehen, keiner gibt seine Unfähigkeit offen zu. Wir haben viele Hilfsmittel für solche Notfälle angeschafft. Keiner weiß wo sie sind oder schon lange zweckentfremdet, es haben sich andere Leute eine goldene Nase damit verdient. Mit unseren Milliarden wollen wir alles ungeschehen machen. Wird so etwas von einem Papiertiger veröffentlicht, wird er sofort entmachtete, kann seinen Hut nehmen.

Die Wahrheit hat keinen Platz in unserer Gesellschaft, geht ja auch ohne Wahrheit ganz schön, die paar Wahrheitsfinder werden an die Wand gedrückt. Keiner möchte ja auch wirklich die nackte Wahrheit wissen. Das Geld ist viel wichtiger, haben wir ja nach 70 Jahren Kriegsende gelernt.

Damit wird unsere erste Welt, das erste Mal so richtig auf die Probe gestellt. Alles andere mit Atom und kriegerischen Auseinandersetzungen haben wir ja immer mit Geld und ein paar Ausreden hinbekommen. Heute kommt nach vielen Jahren eine Seuche die wir wohl nur noch schwer von uns abwenden können, auch die Spezialisten sind fast machtlos. Krankheitserreger gehen jeden einzelnen von uns ans Leben, sonst waren solche Krankheiten immer weit weg. Seit wir die ganze Welt bereisen schleppen wir auch die schlimmsten Krankheiten, die eigentlich schon ausgestorben waren, in unser kleines Land ein. Dafür haben wir Menschen hier gar keine Abwehrstoffe mehr im Körper, nur noch unsere Pillen, doch dafür im Moment leider nicht. Also die schwächsten wird es erwischen. Keiner meldet sich unser Egoismus, ich nicht, ich nicht, sonst der erste Mann oder Frau an der Spritze, doch verkriechen wir uns in jede Ritze, vielleicht komme ich noch einmal davon.

Jeder Verantwortliche eines Landes flüchtet. Ich glaube ich bin infiziert, bin in Quarantäne, die Tests laufen noch, es sind genauso kleine Arschlöcher wie wir kleinen Bürger. Es sind keine Übermenschen, nur wir haben diese Leute gewählt, weil keiner diese Studdis in einer freien Wirtschaft gebrauchen kann. Keine Lebenserfahrung, Staatsdiener,

das müssen alle Bürger wissen, bis zur Rente ein Ruhekissen. Falsche Entscheidungen bezahlt die Allgemeinheit. Keiner aus der freien Wirtschaft möchte Leute aus dem Staatsdienst haben, außer er hat in der Staatsdienstzeit Vorteile verschafft, hat sich einen Namen in der vordersten Reihe verschafft, hat eine Zusage in der Wirtschaft bekommen. Die Namen sind bekannt, ich möchte sie auch nicht schreiben, sonst werde ich kein unzensierter Schreiber bleiben. Angsthase oder treuer Bürger unseres Landes, Arschnasen oder nur Sprechblasen. Großes Maul und nichts dahinter.

Corona dieser Virus musste ja mal kommen. Hat sich jeder Sparfuchs in unserer ersten deutschen Welt vorgenommen, die Nullrunden hat der Schäuble erfunden, das hat wenigen gepasst, jetzt werden die Sparmilliarden endlich einmal angefasst, dass müssen alle wissen mit ängstlichen vollen Händen rausgeschmissen. Das Geld kommt nur dorthin, da ist es keine Hilfe und auch kein Sinn. Mafiöse Machenschaften, dass wird unsere kleine Demokratie nicht verkraften. Milliarden werden nicht reichen, Billionen sollen sich lohnen. Nur die Angst wird diese Summen unseren Bürgern aufbrummen. Es liegt doch auf der Hand unser Staat wird so ausgebrannt, die Demokratie am Wackeln. Dieses kleinbürgerliche

Denken soll ich mir schenken, ich habe es mir vorgenommen, es wird noch einmal ganz groß rauskommen. Alle Regierungsverantwortlichen werden sich entfernen. Es ist nicht zum Lachen, keiner möchte mehr weitermachen, nur die Mafia lässt es noch bei uns krachen.

Der Bürger kann einfach nicht verstehen, wie man weltweit so eine Katastrophe auslösen kann. Eine Seuche fast wie ein Weltuntergang, ohne eine Impfung kann sich der Menschheit selber auslöschen, kann man nicht sehen also nicht existent, durch Unvernünftigkeit, ohne Isolation ist diese Krankheit nicht in Griff zu bekommen. Wir bekommen nicht alle Menschen ins Boot. Also die Verständnislosen werden sterben und reißen viele mit sich, weil die Ansteckungsgefahr viel zu groß ist. Auch mit Verboten und Strafen kann man dem kein Einhalt gebieten. Es wird uns einfach nicht gelingen, ein Verständnis rüberbringen. Wir sind ja keine Ärzte, also nur mit Psychologie aber wie? Haben wir noch so viel Zeit für Glaubwürdigkeit. Aufklärung zur Prophylaxe ist es leider zu spät. Für lange Erklärungen zum heutigen Zeitpunkt, ist es lange zu spät.

31. MÄRZ 2020

Jeder Bürger unseres Landes dreht langsam am Rad, weil er nur noch einer sehr eingeschränkten Freiraum hat, viele informieren sich gar nicht was hier im

Moment weltweit abläuft. Eine Seuche, die die ganze Menschheit weltweit auslöschen kann, weil die Menschen sich nicht an die Vorgaben der Notstandsgesetze halten, sehen eher alles als Joke an, alle dürfen zu Hause bleiben, über Monate, bekommen alles bezahlt. Alle Firmen bekommen ohne, dass einer arbeitet ihre Kosten vom Staat ersetzt, also die Ernsthaftigkeit lässt zu wünschen übrig.

Aufklärung auch in kleinen Gruppen tut unbedingt Not. Jeder Bürger muss und soll unbedingt eine Schutzmaske tragen, um die Ansteckungsgefahr zu mindern. Es gibt Unvernünftige die infiziert sind, obwohl sie isoliert zu Hause bleiben sollen, öffentlich auf der Straße rumlaufen und viele andere Menschen ansteckt.

Bei so viel Unvernunft werden wir es alle nicht überstehen. Ein härteres Durchgreifen ist unbedingt notwendig.

Die ganze weltweite Wirtschaft liegt am Boden, nur noch die Lebensmittelversorgung funktioniert, manche Handwerker gehen noch zur Arbeit, weil ja Heizungen, Strom, Wasser Abwasser, Müll, Telefon usw. Nachrichten Versorgung funktionieren muss, viele hören gar nicht darauf, Hauptsache wir haben bzw. bekommen Geld und haben Freizeit ohne Ende. Das Konsumverhalten ist steil nach oben gegangen. gehamstert wird immer noch. Geschäftemacher ziehen den Bürger das Geld nur so aus der Tasche für Waren die gehamstert wurden auf dem Schwarzmarkt für mehrere hundert Prozent überteuert wieder verkauft werden. Geht es noch Wochen so weiter wird der Bürger militant und bewaffnet sich, um zu sein Recht oder Unrecht zu kommen, es gibt Mord und Totschlag. Unruhen gibt es schon bei der ungerechten Verteilung der Gelder, keiner denkt mehr an die Gesundheit der Mitmenschen, Hauptsache "Ich ".

So langsam wird der Ton rauer, die Angst geht um, gerade bei den Älteren, die die Kriegszeiten noch in Erinnerung haben, wenn sich erst randalierende Gruppen zusammenfinden, die Bürger ausrauben, infizierte Menschen an Leib und Leben bedrohen, die alten Herrschaften können sich nicht mehr zur Wehr setzen. Hoffentlich wird einfach noch mehr Aufklärung betrieben, die Glaubwürdigkeit der fast ausweglosen Situation klar rüberbringen.

Manche Leute kehren sich ein Scheißdreck um Verbote, vagabundieren durchs ganze Land, werden von keinem behelligt. Spricht man die Leute an hat man schon verloren, jeden den es heute noch gesundheitlich gut geht kann sich morgen schon infiziert haben oder infizieren, dann ist das Geschrei groß, viel Hilfe gibt es für diesen Virus leider noch nicht, also haltet euch an die Vorgaben, auch Geld nützt dann nichts mehr.

Durch die Unvernunft der Menschen, die es nicht ernst nehmen, bekommen wir die Krankheit einfach nicht in den Griff. Nur noch konsequentes durchgreifen der Behörden könnte die Rettung bringen. Leider ist die Komponente Mensch unberechenbar, manche haben wahrscheinlich Spaß daran andere Menschen anzustecken, es ist kriminell, das Unmenschliche ist einfach menschlich. Nur mit Radikalität ist die Seuche noch zu bekämpfen, es darf eben keiner mehr aus dem Haus, von seinem Grundstück, die Lebensmittel werden eben ans Haus gebracht, dann gibt es das was gerade noch zur Verfügung steht, dann ist das Wunschkonzert vorbei. Nur so ohne Ausnahme, das sind eben die Notstandsgesetze, die gerade auch den Bürger schützen und unseren Sozialstaat vielleicht noch erhalten können.

01. APRIL 2020

Das ist es was die Menschen so lieben, für ihr eigenes Fehlverhalten anderen die Schuld in die Schuhe zu schieben. Ob jetzt hier in der Pandemie oder im Straßenverkehr oder andere menschliche Verhaltensweisen und Fehlverhalten, dann wird jahrelang um Wiedergutmachung gebettelt, das heißt beim Menschen meist Geld oder Sachwerte, unter dem Motto solange man sich streitet könnte man ja eventuell Recht bekommen. Wir Menschen sollen einmal langsam die Kirche im Dorf lassen. Rechtsanwälte und Gerichte sind heillos überfordert. Es werden hunderte Millionen und noch mehr für Klagen ausgegeben, im Mittelalter wurde es kriegerisch ausgefochten, heute hat man seinen Anwalt der gut bezahlt wird dafür. Es ist eine gewisse Art von zocken beim Menschen. Auch Unrecht kann Recht sein, jeder sieht es aus einer anderen Perspektive, ein guter Rechtsverdreher bekommt es schon so hin, dass alle Seiten zufrieden verstritten auseinandergehen, jeder hat etwas Recht. Alle Verantwortlichen versuchen es mit Güte, doch das funktioniert beim Menschen nicht, nur harte Strafen und strickte

Verbote. Bitten und Betteln ist nutzlos. Viele zu viele halten sich nicht daran in so einer gefährlichen, lebensgefährlichen Lage. Sie reißen bewusst oder aus Blödheit andere mit in den Abgrund, wenn diese Notstandsgesetze nicht konsequent durchgezogen werden, sind noch viel mehr Menschen zum Sterben verurteilt, nur mit ein paar Tagen, Wochen, Monaten oder noch längere Zeiträume ist es nicht getan.

Abwarten hilft wirklich nichts, jeder Arzt, Politiker, Kanzler alle eiern nur rum. Keiner will die Maßnahmen die wirklich nur noch helfen anordnen, das hat nichts mit Gut und Böse zu tun, dies ist die einzige notwendige Lösung und nichts anderes, ohne Wenn und Aber. Also ran machen oder sterben, das ist die einzige Lösung.

Die Nerven liegen blank. Keiner weiß was er oder sie noch richtig machen, Mundschutz ja oder nein? Nicht unbedingt aber besser ist es schon und was sagen die

Leute? Ist dieser infiziert also fehlt wirklich die Aufklärung, jeder hat die Maske im Hause, in der Tasche, im Auto, nur wenige trauen sich, weil nur rumgeeiert wird, wertvolle Zeit lassen wir verstreichen, viele Menschen. Firmen stellen mit Nachdruck Mundschutzmasken her und die Bürger auf der Straße legen sie nicht an. Zum Kaufen in Geschäften, die noch geöffnet haben gibt es die Masken nicht, wo sind sie nur? Eine Fata Morgana der Medien oder wird wieder gehamstert oder ins Ausland verkauft. Die Medien machen Reklame, dass die Masken Pfennigobjekte sind 45 Cent kosten und auf dem Schwarzmarkt für 13 Euro verkauft werden, dass will und kann der Normalbürger sich nicht leisten.

Auch mit 16 Seiten Corona ist es noch nicht genug, die Menschen werden einfach nicht klug. Jeder kann sich in die Hände lachen, wollen das Geschäft ihres Lebens machen. Alles wird im Moment ge- und verkauft, das ist ja das Dolle, man will es haben koste es was es wolle. Doch kann es so etwas Dümmliches wie uns Menschen geben? Die Welt wurde für uns ja auch langsam immer schöner und bunter.

Jetzt geht wohl alles den Bach herunter, so konnte es ja auch nicht weiter gehen. Alles gut, alles schön. Party und konsumieren von allem lassen wir uns maßlos verführen, das ist ja auch keine Masche, arbeiten ist schon Nebensache. Wer soll nur noch das Geld verdienen? Umsonst wird es nichts geben, für unser

Luxusleben. Doch jetzt stehen alle Räder weltweit still, wenn so eine Krankheit, Seuche es will.

Wir sollten doch noch schnell unser Gehirn einschalten bevor wir unsere Gesellschaft auf Dauer spalten. Ob der Motor noch einmal anspringt, das wäre ein Ding.

04. APRIL 2020

Was ist ein Virus? Wie sieht er aus? Ist er nur draußen oder auch im Haus? Man kann ihn ja nicht sehen und doch ist er da. Bringt Krankheit und den Tod, obwohl gar nichts war. Vielleicht lässt er uns ja leben, Frau, Kinder, Vater und die ganze Crew, lässt er Ausnahmsweise einmal zu. Bringt noch mehr Unordnung im ganzen Laden, das ist richtig ein Riesenschaden. Ein schöner Lebensabend soll es doch werden, ehe wir abtreten hier auf Erden, einhundert sollte es eigentlich sein. Krankheiten lassen wir da gar nicht erst rein. Hat alles beglichen sich nie etwas geborgt, dachte grade man hat bis zum hundertsten mindestens ausgesorgt, haben uns bis jetzt geschunden, wir hoffen und kommen bis zuletzt noch ohne fremde Hilfe über die Runden. Ein paar Kurzreisen sollten eigentlich noch drin sein. Ein paar Freunde besuchen, vielleicht schneiden wir noch an den nächsten Kuchen, vielleicht bekommen wir auch diesen Virus noch in den Griff. Waren ja schon oft auf dem sinkenden Schiff. Wir bekommen den Kahn schon wieder flott, kommen zurück in unseren Alltagstrott.

Können ja drüber nachdenken, wie schnell wir unser Leben verschenken.

Es ist keine Warnung, es ist kein Dank, es ist ein leiser Untergang. Bei den Gedanken geht es mir schlecht. Hoffentlich bekomme ich kein Recht. Die Verantwortung will und kann keiner Übernehmen, die Politiker sind hilflos überfordert. Selbst wenn sie für 80 Millionen Menschen Mundschutz ordert, alles ist bis jetzt noch nicht gesichert, dann wird es kommen: Mundschutz für alle, auf jeden Falle. Der Übergriff des Virus ist aggressiv. Keiner glaubt so recht daran, hütet euch vor bösen Geistern. Vorsicht ist geboten, noch ist die Zeit der Ernsthaftigkeit.

Die noch nicht Betroffenen sind noch für alles offen, irgendwann kann man verbittern ohne zu zittern. Leute hab acht viele haben es mitgemacht. Wir wollen einen Schwur abgeben, lasst uns leben. Diese kriegsähnlichen Zustände sind der Demokratie Ende. Wie kommen wir aus diesem Teufelskreis raus?

05. APRIL 2020

Jetzt ist Schluss, das ist wohl die letzte Chance. Länger, weiter, höher, die Geldpolitik liegt am Boden. Die Seuche haben wir längst nicht im Griff. Essen haben wir bisher noch genug. Es ist wohl höchste Zeit für den oder einen Neuanfang. Auch die Löhne haben wir nicht mehr im Griff. Jeder ist wohl irgendwie unzufrieden, es werden Rieseneinschnitte in allen Bereichen des Lebens, notwendig alle Menschen müssen Abstriche machen, die Seuche wird uns noch Jahre beschäftigen und belasten, auch wenn man die Seuche einmal überstanden hat, kann man trotzdem auch das zweite und mehrmals infiziert werden, also die leichte Schulter ist es nicht. Die Ärzte haben mit diesem Virus ihr Probleme, hat man mal ein Mittel muss man immer dran bleiben, so ein Virus verändert sich auch schnell und die Medikamente müssen immer wieder angepasst werden. Die Probleme der Schutzkleidung ist immer wieder ein Thema, wird es letztendlich noch daran scheitern?

Das Pflegepersonal ist hochgradig gefährdet, es gibt so wie so schon zu wenig Personal. Sollten davon noch viele erkranken, gerade wegen dieser Missstände, wäre das Chaos perfekt, wir meinen die Krankheit im Griff zu haben oder zu bekommen. Durch die Mangelerscheinungen der Schutzausrüstungen, der Betten, der Beatmungsgeräte, da kann man nicht drüber lachen. Hinter den Türen brodelt es. Keiner der Verantwortlichen tätigt eine klare Aussage. Der Schwarzmarkt blüht und keiner kann oder will diese Auswüchse verfolgen und reduzieren. Milliarden werden im Sumpf der Mafia landen, jeder weiß es, wir haben gar nicht genug Personal, um dagegen vorzugehen. Oder unsere geschulten Leute werden das Lager wechseln. Vielleicht kann man etwas mehr verdienen. Seriosität unter Menschen ist wohl teilweise sehr gewagt zu beurteilen.

Nur das Durchhalten der Maßnahmen, könnte uns vielleicht noch retten. Die Menschen sind und werden ungeduldig, die Ungeduld findet noch keinen Platz in der Gesellschaft. Nur mit konsequenter Einhaltung der Maßnahmen werden wir es schaffen aus dieser Lage aufzustehen. Gegenseitige psychologische Stütze gibt uns die Kraft, der Glaube und die Glaubwürdigkeit der Ärzteschaft aufbauen, immer wieder Aufklärung betrieben. Bei manchen fängt der Schlendrian an, den verlässt die Ernsthaftigkeit, verfällt schon wieder in den Alltagstrott, es ist einfach zu früh um aufzugeben, damit bringt man sich selber um und viele andere in Todesgefahr. Wenn sich der, das Virus ausbreitet, sind wir alle verloren.

Keiner wird dann verschont. Gefährden auch die, die schon im Genesungsprozess sind.

Wie lange sind unsere Politiker/ Kanzler in der Lage uns die Ernsthaftigkeit oder Aussichtslosigkeit der Lage uns vorzugaukeln? Die 80 Millionen Menschen wollen doch wissen wo die Reise hingeht. Sie sollen und dürfen ja keine Panik verbreiten aber wenn das Volk in Panik verfällt. Die Folgen sind gar nicht auszudenken. Das ist Bürgerkrieg. Es ist schon eine heiße Kiste. Es braucht bloß einer Öl ins Feuer zu kippen. Im Moment sehen wir ja noch tatenlos zu, jeder bekommt sein Geld, kann sich noch mit allem versorgen. Wie lange geht es noch? Wie lange dauert es noch bis wir uns gegenseitig terrorisieren? Die Seuche hält am längsten durch, wenn wir sie nicht konsequent mit allen uns zur Verfügung stehenden Mitteln bekämpfen. Das ist aber nur machbar, wenn alle an einem Strang ziehen, keiner ausflippt. Es ist nur mit Selbstdisziplin zu schaffen. Packen wir es an.

06. APRIL 2020

Jeder fühlt sich unter Druck gesetzt, wer setzt wen unter Druck? Die Krankheit uns oder wir die Krankheit? Nein, den Geschäftemachern sind die Kranken, die Toten und die Krankheit, so lange sie nicht selber betroffen sind. Scheißegal, Hauptsache Umsatz, Geld möglichst doppelt, einmal Kohle vom Staat am besten

ohne Rückzahlung. Der Staat übernimmt 100% Bürgschaft, dann nebenbei noch die Geschäfte über Internet weiterführen, schwarz, keine Steuern und sonstige Sozialleistungen abführen, die Mitarbeiter noch für ihre Zwecke ausbeuten, nach der Pandemie sich aus dem Staube machen, was man alles so weiß! Ja, weil es allzu oft passiert ist, wenn man erst den kleinen Finger gibt, reißen sie dir gleich die Hand ab, der Staat sich auf einen Deal ein, der so schnell nicht wieder gut zu machen ist. Zustände wie im Krieg, was bleibt uns übrig. Viele Hände möchten helfen, doch die Mafia hat die Oberhand, selbst der Staat hat keine Chance.

Die Österreicher wollen die Sanktionen lockern, lassen sich von der Wirtschaft unter Druck setzten. Dabei sind noch zu viele Menschen infiziert, zu viele schon verstorben, mehr Hilfe gibt es nicht. Keine Kapazitäten mehr. Da kann schon ganz schnell auch mal der Schuss nach hinten losgehen. Auch wir sind von so einer Unvernünftigkeit betroffen, wenn das in die Hose geht kommen oder flüchten die Leute zu uns. Wir lassen uns ja auch von den Bauern unter Druck setzten lassen. Erntehelfer ca. 80.000 einfliegen.

14 Tage Quarantäne, dann wird geerntet, Spargel, Erdbeeren usw. Auf der einen Seite werden alle Grenzen geschlossen, Ausnahmen bestätigen die Regel, wieder so ein zahnloser Tiger, keiner hat den Mut ein Machtwort zu sprechen. Alle sollen entscheiden so kommt nichts zu Stande die Milliarden verpuffen und der Virus macht mit uns was es will, so wird die Verbreitung nie eingedämmt. Allein das Gestreite mit Schutzkleidung und Masken so verstreicht wieder wertvolle Zeit.

Einen Virus den wir nicht in den Griff bekommen hat uns die Illusion genommen. Der Streit in der Bevölkerung wird lauter. Wir bringen den größten Einsatz nach dem zweiten Weltkrieg, da muss doch mal ein glaubwürdiges Machtwort gesprochen werden. Wir sind nun einmal im Notstand und die Gesetzte liegen in der Schublade, ohne Druck und Nachdruck passiert so gut wie gar nichts, nur Geld nachschieben, damit ist es auch nicht getan. Viele Menschen arbeiten immer noch zusammen ohne Schutzmaßnahmen, bei vielen geht es wohl auch gar nicht, ist gefährlich und hinderlich, so ein Virus nimmt leider keine Rücksicht darauf, also rotten wir uns selber aus, da warten schon Viele darauf. Es kommt nur noch auf die richtigen Entscheidungen an. Keiner sieht den Fortschritt, jeder eiert nur rum, möchte sich mit den Bürgern anlegen, das sieht man am Hamburger Bürgermeister, legt sich mit Schleswig-Holstein an, weil wir die Hamburger Luftschnapper zurückweisen.

Wenn sich die Politiker nicht einmal einig sind, jedes Bundesland entscheidet anders, das geht einfach nicht. Da helfen keine Sanktionen, kein Bußgeld, wenn der tausende Ausnahmen machbar sind, wenn der Bürger dann einmal aufbegehrt, dann soll der Bürger entscheiden, es ist doch wohl möglich in diesem Einzelfall nach siebzig Jahren Kriegsende, heute den Notstand auszurufen und jeder hört auf mein Kommando, sonst kommen wir aus diesem Schlamassel nicht lebend heraus, bleibende Schäden werden es schon werden, die Wirtschaft wieder in Gang kommen und in Einklang zu bringen. Es ist schon ein Unding, wenn unsere Nachbarländer andere Entscheidungen treffen, doch jeder hat wohl andere Ansichten. Vielleicht sind die Menschen robuster. Spaß bei Seite, die Regierungen sind am Zuge, jetzt zu handeln und nicht abwarten. Auf was wollen wir denn noch abwarten? Bis der letzte verstorben ist?

Die Leute die diesen Virus freigesetzt haben, wissen wie verwundbar gerade die westliche Welt auf Krankheiten und Seuchen reagieren. Gerade die in den Ballungszentren haben keinen Rückzugsraum, damit können sie die Strukturen aufbrechen und das ganze System bricht in sich zusammen.

Es ist ein Verbund, da ist einer vom anderen abhängig. Alles wird hinfällig, das ist Krieg ohne Waffen, Krankheit und Viren sind die tödlichsten Waffen. Kein Panzer, keine Bomben, keine Pistolen und keine Gewehre. Nein hab acht, ein Virus hat über uns die Macht, ein Feind den man nicht sieht, den man nicht erschießen kann. Er ist so gut wie unbesiegbar, außer wir finden eine „Waffe" den Impfstoff der so ein Virus Einhalt gebieten kann. Die Zeit ist zu kurz so ein aggressives Virus zu zerschmettern ein paar Hansels werden es vielleicht überstehen. Die paar Milliarden oder Billionen werden für die Reparationszahlungen wohl nicht reichen.

Gerade in Corona-Notzeiten erzählt manch einer die Menschen rücken wieder mehr zusammen, halten wieder mehr zusammen, ja das ist nur aus der Not heraus. Lass erst mal die Seuche hoffentlich bald vorbei sein, macht wieder jeder seins. Es ist eben durch ihre Habe, ein Volk von Egoisten geworden und das nicht erst seit gestern, jeder geht dann wieder in sein Lager. Oberschicht, Mittelschicht, Unterschicht, es gab mal eine Zeit, da ist die Mittelschicht weggebrochen, das ist aber längst überholt. Viele Familien sind gar nicht mehr beieinander, weil sie auch auf Grund ihrer Bildung/ Schulbildung schnell in ein anderes Lager gewechselt, verleugnen meist noch ihre Herkunft.

Es wird in vielen Berufen ein einwandfreier Leumund verlangt. Gerade in der Politik, Richter, Rechtsanwalt, Notar, Polizei usw. manchmal kommt natürlich auch die Herkunft heraus. Dr., Professor, gekaufte Titel, es ist natürlich immer ein Auf und Ab. Gerade, wenn Posten vergeben werden, hochdotiert, die Leute werden manchmal ganz schön durchleuchtet, auch schnell einmal abgesägt.

Lass die Träumer träumen, selbst die guten Menschen wachsen nicht gerade auf den Bäumen, es gibt schon super sozialeingestellte Menschen, die einflussreich und vermögend sind. Gerade bei solchen Anlässen sind sie als Helfer an erster Stelle, sind auch an Stiftungen beteiligt, doch sie werden auch angefeindet, von Gleichgesinnten, wollen natürlich auch vorpreschen

als Wohltäter und andere millionenschwere Menschen mit ins Boot holen. Doch die meisten springen nicht darauf an. Dafür gibt es bei uns auch gerade viele „Normalbürger" mit geringerem Kapital, die ganz passable Summen spenden. Gerade älter Menschen, die sagen, sie brauchen das Geld oder das Haus nicht mehr und spenden gerade für solche Zwecke, wo es auf jeden Cent ankommt. Spenden auch an Krankenhäuser oder Altenheime oder an die Tafel oder wie in diesem Fall, eine Seuche, ein schwerer Schlag für die ganze Bevölkerung, sogar für die Menschheit weltweit.

08. APRIL 2020

Was sind es nur für neue Bräuche, Corona bringt der ganzen Welt eine tödliche Seuche, sogar die Bibel deutet öfter mal so etwas an, mancher Prophet an Seuchen erinnern kann, in der Welt der Lebewesen, sind in den Aufzeichnungen der Menschheit schon immer so gewesen. Auch die Saurier sind in Horden so ausgerottet worden, auch Pflanzen werden verseucht und alles was noch so kreucht und fleucht. Vielleicht werden wir durch die chemische Medizin noch einmal vor der Seuche fliehen. Menschen haben sich mit unbekannten Sachen und Dingen schon öfter versucht umzubringen. Alkohol, Tabak irgendwelche Pflanzen und Drogen, eine Stimulation des Körpers vorzunehmen, doch zu viel davon hat es nicht nur den Anschein, kann schnell auch mal tödlich sein.

Dieser Virus bringt die ganze Weltbevölkerung aus dem Gleichgewicht, ob wir noch eine Chance haben weiß man nicht. Wir setzten auf Hoffnung.

Mich macht die Machtlosigkeit, die Ungewissheit hinter welcher Ecke lauert das Virus. Vielleicht ist man ja wirklich immun gegen diesen Feind, den man nicht sehen kann. Doch Vorsicht ist immer geboten. Wir oder ich hoffe mal, dass sich alles zum Guten wendet, dass nicht alles im Chaos endet. Man kann die Bedürfnisse der Menschen auch nur eine gewisse Zeit zurückdrängen, dann wird es gefährlich, so lange noch jeder etwas zum Essen und Trinken hat. Menschen denken auch anders, wenn dir oder die Familie unmittelbar betroffen ist, so lange an nichts mangelt und keiner persönlich betroffen ist, hat keiner Verständnis für die Einschränkungen in der ganzen Bevölkerung, die Überlegung ist doch schon, der Staat gibt keine Milliarden aus, wenn kein wirklich triftiger Grund vorliegt. Viele Menschen fangen erst an zu denken, wenn wirklich alles zu spät ist, dann wollen sie alles nachholen. Nein, dann ist es wirklich zu spät.

Die Unruhe in der Bevölkerung steigt, das Geld fließt auch noch nicht so wie versprochen, doch es sind Unregelmäßigkeiten aufgetreten, dass sich mafiöse Elemente dazwischen geschaltet haben, die das Geld ins Ausland abfließen lassen wollten. Es wurde wohl noch frühzeitig gemerkt, alle Zahlungen wurden erst einmal gestoppt. So viel Kontrolleure sind gar nicht vorhanden, also gehen die Auszahlungen nur sehr langsam voran. Die Kontaktsperren sollen wohl auch noch nicht gelockert werden. Viele möchten die Schulen öffnen, nach Meinung der Ärzte und Experten ist es einfach noch zu früh. Die Infizierten gehen auch erst sehr langsam, wenn überhaupt zurück, nicht sehr merkbar, also es ist alles noch zu früh. Etwas müssen wir noch ausharren, doch auch die Wirtschaft wird unruhig, ob es überhaupt so anlaufen kann, wie sich es jeder vorstellt, ist sehr fraglich der Virus ist sehr hartnäckig, lässt sich ohne massive Gegenwehr und Impfstoffe nicht so einfach verscheuchen. Wir müssen schon auf den Rat der Experten vertrauen.

Ist kein Geschenk, das ist ein Virus Angriff auf die gesamte Weltbevölkerung, eine Seuche, wenn überhaupt ein Normalbürger etwas damit anfangen kann. Tod und Elend in unserer Zivilisation, eigentlich undenkbar. Menschen in der Dritten Welt haben vielleicht noch mehr Abwehrstoffe, doch alle Menschen der ganzen Welt brauchen Hilfe von der Weltgemeinschaft und das sehr schnell.

Doch der Verwaltungsapparat ist einfach zu träge weltweit zu agieren, von uns aus ist es fast unmöglich, dann die Mafia dazwischen, die vieles durcheinander bringt, sie kontrollieren den Weltmarkt und sind besser organisiert durch ihre Verbrechen. Keiner, nicht einmal die Armee kann diesen Leuten Einhalt gebieten, die machen gerade aus der Not der Menschheit die besten Geschäfte, also ein Teil fließt eben dorthin, ob wir wollen oder nicht, wenn nicht freiwillig dann mit Waffengewalt, welche Waffen bestimmen diese Leute.

Es ist unser neuer Wirtschaftszweig, wir konzentrieren uns auf die Heilung der Krankheit, versuchen die Wirtschaft und alle demokratischen Strukturen mit viel Geld zu retten, doch die Mafia ist in jedem Zweig der Wirtschaft mit vertreten, selbst bei der Polizei, in der Politik und in der Armee, in allen anderen Zweigen bekommt die Mafia ihren prozentualen Anteil oder es läuft nichts. Alle wissen es doch, keiner kann oder will gar nichts dagegen machen. Wachdienste ist ein Milliardengeschäft wer oder warum wurden es oder sie aufgebaut? Terror oder Terrorismus.

Wer bedient diese ganzen Organisation? Alle wissen es keiner sagt etwas, wer das Maul aufmacht macht diese Geschäfte kaputt, also? Maul halten und mitsingen, woher weiß ein Normalbürger so etwas? Weil er blöd ist, Schnauze.

Die ganze Gesellschaft ist erstarrt, es trifft uns in den demokratischen Staaten besonders hart, weil wir sonst für und gegen alle Dinge Lösungen finden, zur Not ein paar

Milliarden locker machen, doch jetzt geht es uns ans eigene Leben, selbst wenn wir alles weggeben wissen wir noch nicht ob wir hier aus dem ganzen Dilemma noch einmal lebend herauskommen. Rechtzeitig das Gegengift finden, vielleicht ist es unser Ausverkauf, aus deutschen Landen, den Rest auf den Tisch, doch so schnell geben wir nicht auf, auch beim Ausverkauf, Schnäppchen für jeden noch ein Häppchen, alle sind schon krank betteln um einen Neuanfang, Kranke Seelen, kranke Menschen, wer findet für so eine Situation die richtige Therapie, den richtigen Ton. Schockstarre wie in Kriegszeiten, wer kann ihn gewinnen? Keiner kann sich darauf besinnen.

Alles okay, der Staat übernimmt die Verantwortung für seine Bürger für eine oder für diese Seuche, oder ist es vielleicht das ganze normale Lebensrisiko? Doch der Staat ruft den Notstand aus wie in Kriegszeiten, alle müssen neu anfangen, wer kennt den Rechtsweg, wo bleiben die Rechte des Bürgers in Kriegszeiten? Jeder ist froh, wenn er mit dem Leben davon kommt. Jeder ist sich selbst der Nächste also eine gute Geste des Staates, doch wie lange gilt dieser Notstand es liegt nichtunbedingt in unserer Hand sondern die Laune der Krankheit, der Seuche? Der Bürger vertraut auf den Staat und der Staat vertraut den Bürger, doch wenn der Staat pleite ist und der Bürger auch, was dann?

15. APRIL 2020

Das Rumgeeiere so ein Schlingerkurs, das kann keiner so rechtfertigen. Wir können nur auf die Weisen der Ärzteschaft hören und die Meinungen der Ärzte weltweit, wir setzen Unsummen unseres Volksvermögen ein, um Menschenleben zu retten und unsere Wirtschaftsstruktur möglichst zu erhalten, deshalb werden ja diese Kapital Stützen verteilt, um alle Firmen zu erhalten und den Menschen, Bürger unseres Landes, das oder wenigstens ein Gefühl der Sicherheit zu geben. Gewährleisten kann es wohl keiner, wenn ein Teil der Menschen überleben und gesund aus der Pandemie hervorgehen, wird es wohl oder übel irgendwie einen Neuanfang geben, viele sind sauer und euphorisch, dass die oder ihre Firmen bzw. Läden geschlossen worden und bis jetzt noch nicht geöffnet werden und werden dürfen. Es haben nur die Menschen das Verständnis die infiziert sind oder waren oder der Tod Menschen auch ihrer mitgerissen haben.

Viele haben immer noch nicht kapiert, dass es ernst ist und zwar todernst, dass die ganze Weltgesundheit auf dem Spiel steht. Die Lockerung, die meisten Läden und ein Teil der Schulen zu öffnen. Die Politiker beugen sich teilweise den Druck der Unternehmer und der Normalbürger. Es kann so nicht funktionieren, die Sicherheitsauflagen werden oftmals nicht eingehalten, können auch nicht so kontrolliert werden, der Mensch will und braucht klare Aussagen auch für die eingeschränkte Bewegungsfreiheit. Gerade die Kinder brauchen diese Bewegungsfreiheit in den Pausen in den Schulen. Es wird Chaos geben

und keiner kann dem Einhalt gebieten, mit etwas Freiheit kann der Mensch nichts anfangen. Ein paar Zeilen sind schnell geschrieben, die jeder nachvollziehen kann, aber gar nicht will. Viel Verständnis hat der Bürger nicht, nur die Betroffenen sind oder waren. Also Vorsicht!

Es gibt in unseren Menschenleben Institutionen, die uns Hoffnung geben. Unser Herr Gott ist wohl die Quelle an erster Stelle, Kirche, Soziale Einrichtungen, Diakonie, Rotes Kreuz, dann natürlich der Partner, die Familie, Ärzte, Psychologen, Freunde, doch die Entscheidung dieses alles wahrzunehmen bleibt allein bei dir als einzelnes Individuum. Mensch, was du daraus machst, auch in diesem Fall mit so einer Verantwortung dem Menschen gegenüber, mit diesem Virus, auch wenn man Gott sei Dank nicht damit behaftet ist oder wird sensibel damit umzugehen. Mit dem Bewusstsein der Ansteckungsgefahr, die Einhaltungen der

Empfehlungen der Ärzte Folge zu leisten, doch wen sagt man so etwas? Menschen auch den, die es gar nicht als lebensgefährliche Bedrohung sehen. Hauptsache ich. Alle anderen und alles andere ist mir wurscht. Das ist es eben, das gefährliche am Menschen, einfach nicht einzuschätzen.

Jeder appelliert an die Vernunft der Menschen, wenn das so wäre würde dieser Virus gar nicht so weit gekommen sein.

Keiner hat gewusst, hat ja nur gedacht, es könne ja so schlimm nicht sein, nicht so schlimm werden. Doch die Flucht nach Hause, Hilfe von allen Seiten in Anspruch nehmen, überall durch die Welt kriechen, alle Krankheiten der Welt mit nach Hause bringen, ins Heimatland. Wenn ich erst ein paar Menschen

angesteckt habe, werden sie mir schon helfen oder sogar helfen müssen, doch diese Unvernunft steckt in jedem von uns. Wir werden auch nicht klüger. Wie oft ist so etwas schon passiert und es wird immer wieder passieren. Viele Krankheiten und Seuchen, die schon als ausgestorben galten sind wieder bei uns angekommen, wir sind ja ein offenes Land mit offenen Grenzen. Jeder kann zu jeder Zeit rein und raus. Schleppt alle Krankheiten mit. Für viele Krankheiten haben wir ja schon Impfstoffe, doch für diesen Virus aber nicht.

Bei vielen Bürgern ist die Angst noch gar nicht angekommen. Nur die tausenden Betroffenen und die Angehörigen Menschen, die schon Tote zu beklagen haben, haben nicht nur Angst, sie sind verbittert, es gibt keine Hilfe, wenn der Körper sich nicht selber hilft, ist man meist verloren, viele wenden sich ab, die Infizierten müssen zu Hause in Quarantäne bleiben bis die Krankheit ausgestanden ist oder bis der Tod sie ereilt. Keiner spricht es aus, die Handvoll Betten die zur Verfügung stehen sind dauerbelegt. Älteredienoch andere Krankheiten haben sind hilflos verloren und zum Tode verurteilt. Doch jeder schreit nach Lockerungen der Sanktionen wollen, die versprochene Staatshilfe und trotzdem, ihre Geschäfte betreiben. Doppelt hält besser. Wir hoffen ja das alle durchhalten. Keine Insolvenz anmelden müssen. Die Hoffnung stirbt zuletzt.

19. APRIL 2020

Alle reden durcheinander, wer hat das meiste Interesse, unser Land oder sogar die Weltwirtschaft in die Knie zu zwingen oder sind wir es am Ende selber, weil uns so langsam die Luft ausgeht, das Geld steht auf dem Nullpunkt, die Löhne sollen immer höher geschraubt werden und bekommt trotzdem nicht mehr für dein Geld. Manche Ärzte spielen den Virus runter, es wäre genauso wie eine Erkältung, eine Grippe, dadurch verliert natürlich diese ganze Aktion an Glaubwürdigkeit, gerade beim Bürger. Vielleicht soll es das sein, das wir uns gegenseitig zerfleischen, in Panik kommen, unsere Arbeitsplätze verlieren, unsere geschaffenen Werte so leichtfertig aufs Spiel setzten, dazwischen noch Chaoten die den Staat abzocken und an die Hilfsgelder kommen wollen. Geschäfte machen mit Schutzkleidung zu immensen überhöhten Preisen. Will oder kann keiner den Wahnsinn endlich Einhalt gebieten. Wen soll man noch glauben? Der Bürger hat so langsam das Vertrauen in die Ärzte und die Politiker verloren. Doch an wen soll man sich wenden? Wen noch Glauben schenken? Viele gehen zur Tagesordnung über.

Machen ihr Ding, gehen zur Arbeit wie normal auch auf den Straßen sieht man wieder viel mehr Autos und Menschen. Keiner hält es mehr zu Hause aus.

Was ist richtig? Was soll man machen? Selbst die Ordnungsbehörden sind sich nicht mehr sicher was richtig ist oder falsch. Jeden Tag eine andere Order. Wer soll das durchführen? Gerade in unserem Bürokratiestaat. Zum guten Schluss braucht man noch einen Rechtsanwalt, wenn man auf die Straßen geht oder Besorgungen macht.

Was sind denn Schutzmaßnahmen? Wann und wofür soll ich eine Schutzmaske, Gummihandschuhe oder sonstige Maßnahmen, vornehmen? Keiner will oder kann dir eine präzise Auskunft geben. Schutzbekleidung oder Mundschutz ist gar nicht zu bekommen. Soll man sich möglichst selber nähen oder nähen lassen, aber wie sind wir Menschen dann? Lassen wir es einfach, alles was wir umsonst bekommen, immer gern und möglichst viel für schlechte Tage einlagern. Viele machen es ja als Eigeninitiative aber da passt die Farbe nicht, das Gummiband zu stramm und vieles mehr. Nur Sachen und Dinge die verordnet werden sind gut und wenn sie noch so scheiße aussehen. Egal, das sieht man ja im Krankenhaus, Schutzkleidung anziehen muss man, um jemanden zu besuchen. Hauptsache man hat die Plünne an, kommt man auch rein.

Vielleicht haben andere Staaten Lust unser kleines Deutschland zu übernehmen. Das Tafelsilber haben wir ja schon abgegeben. Die Großindustrie, Autokonzerne, Öl, Gas, Strom, Stahlindustrie, Busse, Bahn, Post auch den Tourismus haben wir aus den Händen gegeben. Die Flugzeugindustrie, den Schiffbau größtenteils dort sind auch schon ausländische Investoren im Spiel, sogar die Wohnungsbaugesellschaften, Krankenhäuser, Altenheime, Lebensmittelindustrie, Versicherungen, Banken, also was solls? Reagieren kann auch jemand Nichtdeutscher, Chinese, Russe, Amerikaner oder, oder... Vielleicht wird ja nach der Corona-Zeit die Welt und die Macht anders aufgeteilt. Weltraumindustrie und die Chemieindustrie, alles in ausländischer Hand, also wir Deutschen sind auch nur Gast im eigenen Land.

Wie und was die Bürger so denken, der Staat und seine Bürger hätten etwas zu verschenken, das ist keine Frage, manche Bürger verkennen die Lage, weil die Seuche so schleichend vor sich geht, ist alles gelaufen. Man kann zur Tagesordnung übergehen, obwohl immer mehr Menschen sich infizieren und noch viele sterben, das wird wohl gar nicht registriert. Viele Läden öffnen ihre Pforten, noch mit Vorsichtsmaßnahmen natürlich vom Staat verordnet, sonst würde es wohl keiner machen. Diesen Aufwand möchten die Unternehmer natürlich auch teuer vergütet haben. Alle Firmen und Bürger wollen natürlich wieder loslegen, Geld verdienen, das möglichst alles beim Alten bleibt. Es wird so nicht gehen, diese Krankheit ist noch lange nicht überstanden.

Alle reden aus Unwissenheit viel wirres Zeug, obwohl die Experten immer wieder warnen Einhalt zu gebieten und möglichst zu Hause bleiben.

Viele alte Menschen haben Angst, sind sehr bedrückt, ob sie diese Seuche überstehen, es ist wirklich noch nicht abzusehen.

Es ist schon richtig so wenig Kontakt zu anderen Menschen, eben auch zum Rest der Familie, die nicht im Haushalt leben. Man sollte die Warnungen eben nicht auf die leichte Schulter nehmen. Man kann es ja verstehen, gerade junge Leute oder auch die ganze noch arbeitende Bevölkerung möchte Freizeitvergnügungen, nach getaner Arbeit eben frei bewegen, doch mit dem Virus ist leider nicht zu spaßen, die Ansteckungsgefahr ist viel zu groß. Es ist so schon das ganze Volk betroffen, also was bleibt noch offen? Füße stillhalten und warten der Dinge die eventuell noch auf uns allen zukommen werden. Wir müssen und sollten diese Zeit eisern durchhalten, so schwer es auch ist, je länger je besser. Das stärkt auch unser Immunsystem.

Vielleicht müssen wir uns ja nur aus anderen Ländern eine Seuche besorgen, um unsere Rentner und Pensionäre zu entsorgen. Menschen die nur unser Volksvermögen verzehren und nicht vermehren, das sollte doch jeder verstehen, der muss leider gehen. Doch manche Rentner sind zäh den tut so ein Virus nicht groß weh. Plötzlich gibt es einen Gegenstoß und wir sind unsere arbeitende Bevölkerung los.

Überlegungen gibt es viele, ich meine die Finanzwelt will an unser Geld, es haben sich doch schon viele Menschen beschwert, das Geld ist ja im Grunde gar nichts wert.

Entweder Gold, Land oder Immobilien oder vielleicht eine funktionierende Industrie oder wie? Schluss mit dem Virus. Also raus mit dem Impfstoff und raus mit dem Virus. Die Erpresser mit dem Virus sind lange tot. Das ist schwer verdientes Brot!

Mir fällt immer etwas Neues ein. Wer könnte oder wer wird der Übeltäter sein? Der Urheber oder Geldgeber? Wen nützt es uns zu infizieren, uns zu schwächen? Wer sollte sich an uns rächen? Wir sind doch lammfromm. Können keiner Fliege etwas zu leide tun. Sozialstaat mit Format, mit so einer Kanzlerin, das macht doch Sinn oder der Neid der Welt, kostet uns unser letztes Geld, doch wir werden wieder gesund, dann lecken wir unsere Wunden. Jeder wird uns schon aus Dankbarkeit unsere Schulden stunden, doch Geld macht blind, wenn überhaupt Schulden entstanden sind. Wir schenken doch der ganzen Welt unser Geld. Heute wird ja nur noch in Deutschland bestellt. Aus Deutschland frisch auf den Tisch.

Die Vitaminbomben aus Deutschland werden den Virus besiegen, wir werden den Lorbas schon kriegen.

Wir sind im Moment am Zocken, wollen den Virus aus der Reserve locken. Hoffentlich haben wir jetzt auf das richtige Pferd gesetzt. Nicht auszudenken, wenn wir dir erste und letzte Chance verschenken. Keiner will und kann die Situation einschätzen. Doch warum können dann die Verantwortlichen die Sanktionen auf Druck der Industrie und der Bevölkerung so lockern? Risiko hoch drei!

Wer hat oder übernimmt zum Schluss die Verantwortung, die Kanzlerin für ihr Volk oder für alles? Das versprochene Geld muss fließen aber wer kann es dann noch genießen? Das Geld der Bevölkerung ist dafür, also hoffentlich bleibt es bei der Taktik, der kleinen Schritte, der Infektion einfach keine Chance lassen.

Die Vorsichtsmaßnahmen einfach durchziehen. Wir wollen und werden es schaffen.

21. APRIL 2020

Heute haben die Regierungschefs ab dem 29.04.2020 Maskenpflicht auch in Schleswig-Holstein beschlossen. Zum Einkaufen, in Schulen und in öffentlichen Verkehrsmitteln, also in der Öffentlichkeit. Der Bürger soll sich irgendwie die Masken beschaffen. Nachfragen bei Apotheken gibt es so gut wie keine, ein paar spezielle mit Prüfnummer für 6,50 bis 8,00 € pro Stück, also völlig überteuert, aus der Not nicht nur Geschäfte machen, nein richtige Abzocke. Normal haben solche Masken einfachster Art 0,45 € und mit Prüfnummer 1,75 € gekostet. Es ist ein einfacher Spuckschutz, sollte sich jeder Bürger selber nähen oder ein Schal vor den Mund binden. Keine Organisation, wenn ich so etwas zur Pflicht machen muss, muss auch genug Material vorhanden sein. Es ist immer noch nichts da oder hier. Jeder der kostenlos am denSpuckschutz kommt hortet und hamstert, unentgeltlich.

22. APRIL 2020

Und kein Ende, ab dem 29.04.20 gilt die Mund-Nasen-Maskenpflicht. Jeder näht was nur geht, früher nähten die Damen Kleider heute sind es alles Masken-Schneider ab 5 € aufwärts. Die Schwarzarbeit blüht und jede Nähmaschine glüht. Stoffe und Gummiband sind in der ganzen Republik nicht mehr zu haben, nur noch zu überhöhten Schwarzmarktpreisen und jeder zahlt Geld, ist ja noch da. Sie ziehen sogar schon die Gummibänder aus den Unterhosen, da geht es ja wohl auch ohne. Viele sind völlig vom Verstand, wissen gar nicht mehr wie sie sich verhalten sollen, wie am ersten Schultag haben alles doppelt und dreifach, das was wirklich unter Kontrolle sein sollte ist außer Kontrolle geraten. Es geht gar nicht mehr um den Virus, um Corona, nur noch um die Jagt was andere machen, sagen und haben, will ich auch, man kann ja den anderen nicht nachstehen.

Heute in der Stadt wurde schon mal geübt, lange Menschenschlangen vor den ganzen Geschäften, meist schon mit Mund-Nasen-Masken, warten geduldig bis der nächste in den oder irgendeinen Laden gehen kann zum Schauen oder zum Einkaufen. Nein, nur Neugier irgendetwas wird aus Verlegenheit dann schon gekauft, die Leute haben ja Zeit viele arbeiten ja noch nicht. Alles erst auf Kommando, hoffentlich kommt es nicht wieder so weit, dass irgendein Führer einen Aufruf startet, alle jubeln und reißen die Arme hoch. Das ist die Rattenfänger Mentalität, einer brüllt und alle laufen hinterher, in dieser Ausnahmesituation ist

wahrscheinlich der Verstand ausgeschaltet. Es merkt keiner, wenn alles in die falsche Richtung läuft. Das ist die Stunde der Geschäftemacher (Mafia) alles wird rigoros ausgebeutet. Keiner merkt und will es wohl auch gar nicht merken, erst mal sein eigenes Leben retten.

Es ist heute nur noch alles katastrophal, keine Orientierung nur noch Verführung. Bin heute nicht so drauf. Etwas im Suff, mich interessiert vielleicht die Quelle der Corona Welle. Ich glaube sie wollen uns ausschalten, zwei, drei Staaten mit sehr viel Geld regieren dann die Welt, es ist ja jetzt schon so, man merkt es ja nur noch nicht. Irgendwann gehen wir mit uns zu Gericht, wir haben die Warnanlagen zu spät geschaltet, nur wie die braven Bürger verwaltet. Jetzt weiß keiner weiter, nicht mal unser Kanzelohr. Die klaren Ansagen werden immer spärlicher, so viel Milliarden ausgeben, die Masken, die wohl wirklich etwas bringen wollen sie dem Bürger abringen. Es wurden so viele gekauft, keiner weiß wo sie geblieben sind, selbst die Kanzlerin nicht. Doch auch die Millionen sind verschwunden, wahrscheinlich bei den Maskenkunden?

Jetzt heißt es Mund-Nasen-Schutzpflicht ab dem 29.04.2020, alle 16 Bundesländer entscheiden wie, wer, was macht, also Schleswig-Holstein ab 29., Ausnahmen mit amtlichem Ausweis, eben Leute mit Atemwegserkrankungen oder Herzpatienten oder, oder sonst Mundnasenschutz, ansonsten Strafe. Die Unsicherheit in der Bevölkerung ist sehr groß, viele Lockerungen zwecks Öffnung der Geschäfte, Veranstaltungen, alles natürlich mit Abstand und Mundschutz. Doch die Geschäftsleute, Gastronomen, Hotels, Gaststätten usw. wollen natürlich, dass die Gäste kommen dürfen und am besten sofort. So schnell nach den Aussagen der Virologen, Ärzte und sonstigen Experten doch auch sie sind sehr skeptisch und unsicher, in so einer schwierigen Lage waren wir so noch nicht. Keiner möchte die letzte Entscheidung treffen, die Kanzlerin möchte nach den Aussagen der Experten noch warten, doch welches Zeitfester weiß keiner so recht.

Es infizieren sich täglich viele, zu viele und es sind auch immer noch Tote zu beklagen, das Risiko ist für jeden einzelnen Menschen doch noch sehr hoch, dazu laufen noch viel zu viele Menschen durcheinander, bewegen sich mehr vom Wohnort, Wohnung weg anstatt das nötigste einzukaufen und dann am im Haus/Wohnung zu bleiben. Auch die Arbeitenden sind doch sehr gefordert es sind schon Doppelbelastungen, die

Existenzängste der Firmen und sogar jeder einzelne Bürger sind enorm.

Die Zugesagten Gelder fließen nur spärlich, viele möchten die Hilfen gar nicht in Anspruch nehmen. Sie haben Angst vor Verschuldung, obwohl der Staat zu 100% dafür bürgt. Aufklärung tut Not, doch so viele Leute sind gar nicht vorhanden, die so kompetente Aussagen treffen können oder dürfen Anträge ausarbeiten und Stellen für die Bedürftigen, die Kosten laufen ja weiter.

26. APRIL 2020

Auch diese schlimme Seuche, habe die Ehre, ist für uns Menschen dieser Welt auch keine Lehre. So lange Menschen auf der Welt leben hat es viele Seuchen gegeben, viele Millionen Menschen sind dabei gestorben, es war ebenso und soll vielleicht auch heute noch gelten. Wir haben in diesen Zeiten ja viel mehr Möglichkeiten, ob wir sie alle nutzen oder nutzen wollen und sollen oder soll die Menschheit einmal wieder reduziert werden. Sei einmal dahingestellt, wer die körperliche Kraft und Substanz hat wird auch diese Krankheit überstehen, die anderen müssen eben gehen. Es ist zwar hart aber meine Theorie ist, Menschen sind zu allem fähig auch sich selber umzubringen. Hilfe und helfen ist relativ, Bemühungen Menschen zu helfen oder behilflich zu sein, vielleicht um zu genesen oder zu sterben? Angst oder eigene Erfahrung, Theorie oder die verdammte Wirklichkeit?

Je länger das Nichtstun dauert, schwindet auch die Hoffnung auf Heilung? Oder ist es nur ein Hinhalten? Hoffnungslosigkeit ist schlimmer als gedacht oder gar nicht so schlimm? Ratlosigkeit, dem Volk so lange es geht die Wahrheit zu verschweigen, der Bürger ist wehrlos, so lange er genug zum Essen hat und seine Behausung, sein Einkommen hat. Doch wie lange was? Was denken sich die Politiker, die Ärzte noch aus, um Zeit zu gewinnen? Vielleicht kommt so eine Seuche recht, weil unsere Wirtschaft so abgespeckt und umgebaut und unsere Währung bereinigt werden kann, das Zauberwort für alles (Corona). Wir Menschen brauchen immer einen Schuldigen aber am besten einen der nicht greifbar ist. So wie das Wetter der Herr Gott, der Mond, die Sonne, die Sterne, alle haben Schuld nur wir nicht.

Jeder Staat setzt andere Maßstäbe mit so einer Seuche umzugehen. Lassen sogar den Bürger allein mit so einer Situation, es wäre ein normales Lebensrisiko, doch wenn man angeblich den Übeltäter hat, der die Seuche in die Welt gesetzt hat, doch wer hat die Beweise oder liefert sie für die Welt. Jeder Staat auf der Welt muss den Übeltäter anklagen, hat oder braucht handfeste Beweise, ein Fass ohne Boden. Alle Staaten dieser Welt können unsere Erde, Erdenbürger, Flora und Fauna be- und misshandeln und werden nie zur Rechenschaft gezogen. Wir brauchen keinen Schuldigen zu suchen, wir machen nur noch unsere Geschäfte, da kann sich so mancher noch die Taschen vollstecken, im Namen von Corona, so wie die Öffnung der DDR, im Namen der Wiedervereinigung, ein Milliarden Grab. Schnauze.

Wenn einer über Corona schreibt, vielleicht gleich auch maßlos übertreibt, doch was kann man da noch übertreiben die Situation wie man sie empfindet zu beschreiben? Es ist egal auf jeden Fall in allen Punkten katastrophal, die ganze Welt zu infizieren, ist bestimmt nicht hell, eher kriminell. Viele Menschen sind in dieser aussichtslosen Zeit freiwillig zum Sterben bereit. Gerade schon die Kriegsgeneration, wir dachten an eine bessere Welt und haben sie für unsere Kinder eigentlich gut aufgestellt, doch Niederschläge in unserem Menschenleben wird es wohl immer geben. Wollen wir die Wege unserer Eltern gehen, müssen wie sie wohl auch bestehen. Alles was wir im Elternhaus gelernt haben ist ja nicht so weit entfernt. Wir werden den Virus besiegen, die Chance für unser Leben kriegen.

Die Krise kommt für manche wie gerufen, sonst hätten „sie" viele Betriebe und auch die Politik vor allem die Geldpolitik gegen die Wand gefahren. Jetzt haben sie endlich einen Schuldigen, ob bestellt oder Haus gemacht, die Zeche muss doch jedes Land für sich bezahlen und wir aus der „ersten" Welt müssen oder dürfen der „dritten" Welt helfen mit Geldern und guten Worten, sonst kommen die Menschen zu uns, das ist uns doch wohl nicht so angenehm. Doch jetzt braucht bald der Helfer Hilfe und wer soll das machen, unsere Bürger die ja Billionen im Sparstrumpf haben, da haben unsere Politiker schon lange hingeschielt. Jetzt ist die Gelegenheit, legale Enteignung kann man es betiteln. Unsere Vortänzer werden sich schon das Richtige für uns Bürger ausdenken, das wir einen Freiwilligenzwang ausgesetzt sind oder werden, entweder arm oder gesund, als reich und krank, wir haben die Wahl.

Wir werden unseren Sparstrumpf, wenn es uns denn noch gelingt, leeren und verprassen, bevor der Fiskus uns einen Riegel davorschiebt, ob es uns noch gelingt ist fraglich. Noch macht keiner klare Aussagen, doch wenn diese Verbote noch bis zum Jahresende gehen, wird es der Allgemeinheit eineinhalb Billionen Kosten, open End! Da kommt des Bürgers Sparstrumpf gerade recht. Wir bekommen, wenn es dann so läuft ein paar Lebensmittelmarken und wenn man es so weiterspinnt eine Übergangswährung.

Der Staat braucht ja bloß öffentlich den Notstand ausrufen, dann hat der Staat alle Rechte, alles Mögliche zu entscheiden, um unser Land zu retten. Seine Bürger vor noch mehr Unheil zu bewahren. Also da kommt unser Grundgesetz zum Tragen. Ehe der Schaden noch größere Ausmaße annimmt, müssen wir zu handfesten Entscheidungen kommen und nicht so ein Rumgeeiere. Irgendwann kommt es doch, bevor wir noch tiefer im Sumpf stecken.

28. APRIL 2020

Manche Leute entscheiden einfach wie sie selber denken, fahren einfach bei uns durch die Lande und werden nebenbei uns vielleicht noch den Virus schenken. Keiner hält sie wirklich auf, die Anzeige nehmen sie dabei wohl gern in den Kauf. Die Ernsthaftigkeit bleibt dabei komplett auf der Strecke, sie wollen einfach ihren Urlaub eben bei uns an der Ostsee verbringen. Leben oder Überleben, die Warnung schlägt so manches Menschenkind dabei völlig in den Wind. Die Ordnungsbehörden lassen sie gewähren, sie sehen einfach ein, man kann nicht überall sein. Doch wenn das Schule macht, haben manche vielleicht sich und uns einfach mal so umgebracht aber zumindest krank gemacht. Der Druck der Menschen Urlaub zu machen wird immer stärker, sie haben einfach den Lauf nehmen fast jedes Risiko in Kauf, im Nachhinein waren alle Warnungen und Verbote für die Katz und die Bombe ist geplatzt.

Wenn diese Allüren sehr viele an den Tag legen, durch die ganze Republik bleiern, ist es auch gar nicht mehr nachzuvollziehen wer, wo, wen infiziert hat, so rotten wir unser ganzes Volk aus. Was denen die den Virus freigesetzt haben angenehm oder am liebsten wäre, wir wollen ja nicht schwarz sehen, doch die Gefahr ist schon sehr groß, die Menschen die noch verschont wurden, sollten es auch gern bleiben. Wir müssen noch über Monate standhaft bleiben, den Mundschutz tragen, Abstände einhalten, doch wir werden eines besseren belehrt.

Die Menschen setzten immer mehr ihren Willen durch, setzten sich überall Warnungen hinweg, scheißegal wir leben nur einmal, wenn es dann passiert ist, ist der Hilfeschrei groß. Doch dann kann es zu spät sein. Diese Unvernunft trägt immer mehr Blüten. Alles wird einfach überhört.

Corona ist im Moment mein Dauerthema, nicht darüber nachzudenken ist wahrscheinlich bequemer, doch die Menschen zu schütteln und aufzurütteln, das es Ernst ist, es ist Krieg und es gibt nur einen Sieg, wenn wir auf die Notstände, 100% Rücksicht nehmen, auf die Warnungen hören und das gesagte auch einhalten, es kann auch nur Unterstützungen im begrenzten Maße geben und uns gemeinsam durch die Krise, Seuche,

Krankheit führt. Es gibt auch einen Neuanfang aber weiter wie bisher wird es nicht geben, es ist eine heimtückische Seuche, die wir noch nicht in den Griff bekommen. Nur mit fester Disziplin können wir diesen Kampf vielleicht gewinnen, dazu müssen alle wollen, nicht jeder macht sein Ding und nicht ich will alles und jetzt und sofort. Alle für einen. Einer für alle.Der Egoismus in unserer Gesellschaft hat Dimensionen angenommen, selbst die Familien driften auseinander, woran kann es liegen?

Es liegt an der Ungleichbehandlung, durch die Einteilung in Ober, Mittel und Unterschicht also Mensch ist nicht gleich Mensch.

Bildung, Schulbildung, das heißt Hochwohlgeboren, Professor, Doktor, Meister, Angestellter, Arbeiter usw. ohne Bildung, ohne Arbeit, ohne Behausung, doch so eine Situation schweißt doch eigentlich zusammen, doch viele erkennen diese Notlage gar nicht.Solange sie nicht betroffen sind ist dieser Zustand gar nicht existent. Es gibt Aussagen denen ist Corona egal sogar scheißegal, brauchen keine Schutzausrüstung, keine Belehrung, sie brauchen nur sich und ihr Habe und ihr Ego. Wollen und möchten aus dieser Krankheit sogar noch Kapital schlagen. Aus der Not beziehe ich mein Brot.

29. APRIL 2020

Es ist schon ein großes Abverlangen, müssen ältere Menschen doppelt um ihr Leben bangen, so in Ruhe seinen Lebensabend verbringen sich beschäftigen, mit schönen Dingen, man hat nicht nur so seine Alterszipperlein, jetzt schleicht sich so mir nichts dir nichts ein Virus in unser Alltagsleben rein. Man meint irgendwann an Altersschwäche sanft zu sterben, muss so ein hergelaufener Virus uns vielleicht noch den Spaß am Rentenleben verderben.

Wir fangen wieder von neuem an zu kämpfen, es ist schon gediegen auch im hohen Alter wird man im Leben wohl keine Ruhe kriegen. Also wir werden es schon schaffen, mit unseren Hausmitteln, als Waffen Impfstoff gibt es ja noch nicht, doch am Ende des Tunnels ist bald wieder Licht. Wir nehmen auch das noch in Kauf, der Herr Gott passt schon auf uns auf. Wir werden auch das noch überstehen, dann dürfen wir in Ruhe gehen.

Corona im Moment das Thema, passt bei uns gar nicht in Schema. Die ganze Welt ist durcheinander, alle reden darüber, keiner hat die richtige Ahnung, das ist die Angst vor dem Fremden, ein Virus den keiner einschätzen kann. Keiner möchte mit ihm in Berührung kommen. Wo soll man hinrennen, weg von einem

Gegner den man nicht sehen kann, deshalb soll ja jeder die Schutzmaßnahmen treffen und die Regeln einhalten, dann kann man das Risiko schon etwas eingrenzen. Alle sind infiziert, die meisten nehmen die Warnungen ja auch ernst, doch manch einen interessiert es nicht die Bohne und das ist das gefährliche. Bewegen sich überall ohne Schutzmaßnahmen, übertragen den Virus unwissentlich, so kommt dann eine Kettenreaktion zu Stande. Stecken natürlich auch die an die alle Vorsichtsmaßnahmen eingehalten haben, diese Leute fallen natürlich vom Glauben ab, das kommt von den scheißegal Leuten. Bringen erst den Tod und dann Verderben.

Ich schreibe jeden Tag die Geschehnisse auf Papier, sonst komme ich nachts gar nicht zur Ruhe. Es gibt so viel Schrecklichkeiten, die die Menschen aus Unwissenheit aus Schlendrian verzapfen, die Gesellschaft wird es schon richten. Manche haben kein Verantwortungsbewusstsein, haben es wohl nie gelernt und wollen es auch gar nicht, Hauptsache ich, alle Annehmlichkeiten der Gesellschaft nutzen aber möglichst selber gar nichts dazu tun. Gerade in solchen Situationen wo es auf jeden 100% ankommt und sich auf jeden verlassen kann, das macht erst eine Gesellschaft und eine Gemeinschaft aus. Verlässlichkeit, doch irgendwelche Dreckssäcke können sich in der Masse gut verstecken.

Das bricht uns eben immer wieder das Genick. Damit keine Massenhysterie ausbricht, hoffe ich auf die Vernunft, auch einmal von den Unvernünftigen. Die Hoffnung stirbt zuletzt.

Maskenpflicht ist ab heute in allen öffentlichen Verkehrsmitteln, Gebäuden und Läden und die Abstandsregeln. Im Moment klappt es ganz gut, wie man so sieht, ein paar Protestler sind natürlich immer dabei. Die provozieren, werden aber zurückgewiesen oder sogar auf höflicherweise mit einer gespendeten Maske bestückt. Jetzt geht natürlich durch die Medien, dass die Mafia wieder am Wirken ist, die sogenannten unbürokratischen Soforthilfen abzuschöpfen mit hunderten von erfundenen Firmen die gar nicht existent sind. Das ist natürlich etwas befremdlich, denn unserer Bürokratenstaat hat doch wohl Computeraufzeichnungen von allen existierenden Firmen in unseren Lande? Sie zahlen Gelder aus an die Mafia, obwohl es feststeht das diese Firmen gar nicht existieren, etwas Geld konnte wohl noch zurückgeholt werden, was sind das für Bedienstete, die so etwas nicht oder viel zu spät merken?

Wieder einmal wer kontrolliert die Kontrolleure? Dem kleinen Bürger ziehen die mit den Steuern den letzten Cent aus der Tasche, dort wird unkontrolliert Geld ausgezahlt an unberechtigte Mafiosi. Es heißt lapidar, es ist alles mit einkalkuliert, in der Not ist der Staatsapparat wohl ein Selbstbedienungsladen,

Hilfsgüter verschwinden, es werden Millionen verschleudert für überhöhte Preise der dringend benötigten Schutzkleidung und Masken, bezahlt und gar nicht angekommen oder geliefert.

Papperlapapp, Peanuts eigentlich darf der Bürger das alles gar nicht verbreiten, keiner geht auf die Barrikaden, solange der Bürger der ersten Welt Geld genug bekommt, der Nachschub von Lebensmitteln gesichert ist, was solls unter dem Motto: Wer soll das bezahlen? Vater oder Mutter Staat und das sind wir die Bürger.

30. APRIL 2020

Corona ist in erster Linie ein Bedürfnis der ganzen Menschheit einen wahrscheinlich nicht wieder gutzumachenden Schaden zu zufügen, von einzelnen Menschen geplant und auch durchgeführt ein paar hirnlose Geschöpfe die gar nicht wissen, was sie damit ausgelöst und angerichtet haben und in diese Machenschaften sind auch mafiöse Elemente verstrickt, die jetzt ihr Unwesen noch weitertreiben.

Die Hilfsgelder und Hilfsmittel lukrative Geschäfte wittern auch, wenn sie selber dabei draufgehen. Dafür müssen wir Polizei und Soldaten einsetzten, um diese Leute dingfest zu machen oder sogar unschädlich. Doch sie sind auf der ganzen Welt verstreut, haben ein Netzwerk aufgebaut, das nur mit der Weltgemeinschaft zu bekämpfen ist, doch diese Maschinerie in Gang zu setzen, ist sehr zeitraubend. Eine schnelle Eingreiftruppe steht nur im geringen Maße zur Verfügung.

Selbst manche Bürger kämpfen gegen die Maskenpflicht, wollen so weitermachen wie bisher, merken gar nicht, dass sich gerade durch Unvernunft einzelne Bürger, noch viel mehr Menschen, infizieren werden. Wenn nicht sogar alle und es ein Heer von Taten geben wird, wenn die Unvernünftigen nicht schnell innehalten und alle Vorsichtsmaßnahmen akzeptieren und auch selber einhalten. Mahnende Worte hat es eigentlich schon genug gegeben, es muss auch umgesetzt werden. Doch im Alltagsgeschehen ist es manchmal auch schwer machbar, bis nur noch rigorose Zwangsmaßnahmen durchgeführt werden und Zuwiderhandlung abgestraft werden. Es geht um Menschleben, nicht nur um andere Menschen auch um meins und meiner Familie. Ob das vielen Wurst oder gar nicht so richtig bewusst ist?

Mir sind auch meine Mitmenschen nicht egal, doch was unsere Politiker für Entscheidungen an den Tag legen, ist katastrophal. Mir kommt es so vor als, wenn schon die nächste Wahlperiode ins Haus steht, dass die Damen und Herren sich profilieren wollen oder müssen, sie lassen sich eben von der arbeitenden Bevölkerung und den Geschäftemachern eine Meinung aufzwängen, wenn das in die Hose geht danken die Politiker wohl ab. Sie sind und waren dann ja nur Erfüllungshilfen des

Staates/Volkes, dann hat das Volk eben die Verantwortung. Die Leute wurden ja vom Volk gewählt. Sie können so gut wie nie in Regress genommen werde, könnten auch die Schäden, die sie mit ihrer Entscheidung ausrichten oder angerichtet haben auch gar nicht wieder gut machen. Man sieht es ja sehr oft das schnell neue Minister

ausgewechselt werden und auch ebenso schnell neue nachwachsen. Also, wenn man länger bleiben will, muss man immer die Fahne nach dem Wind drehen.

Auf einer Art kann man ja die Menschen verstehen, sie kennen in unserem Lande 70 Jahre nach Kriegsende keine unmittelbare Not oder Notstände, es ist die Nachkriegsgeneration, die meisten die den Krieg, die Not noch erlebt haben sind nicht mehr und die Nachkriegsgenerationen wollen nun einmal nicht verzichten. Sie können mit so einer Situation einfach nicht umgehen. Sie hatten/ haben alles können und wollen alles kaufen. Ohne eine funktionierende Wirtschaft könnten wir alle samt gar nicht überleben, wir können überhaupt selbst fast keine Lebensmittel erzeugen, also ist das Chaos perfekt. Die, die noch etwas gehabt haben, werden kurzzeitig überleben, wenn nicht einer dem anderen das letzte Stück Brot wegnimmt. Hoffen wir einmal auf ein letztes Fünkchen Vernunft und halten die Regelungen ein, sonst werden wir alle sterben, dass der Virus ernst macht.

Nicht das wir die letzten Trümpfe verspielen, nur es ist kein Spiel, es ist toter Ernst. Hoffentlich denkt nur einmal jeder darüber nach, wie stehen die Chancen? Spaß war gestern, jetzt geht es zur Sache. Es wird doch keiner oder kein Staat dieser Welt Billionen ausgeben für etwas Spaß. Nein es ist das letzte und einziges was uns im Moment retten kann, außer es kommt urplötzlich der helfende Impfstoff. Hoffen und (träumen) harren. So lange heißt es eben Füße stillhalten, noch können wir für uns sorgen und der Staat tut sein Bestes, doch dahinter stehen auch nur Menschen, die gerne jeden Wunsch

oder Willen erfüllen möchten. Doch danach geht es nun einmal nicht, es geht nur danach wie die Krankheit sich entwickelt und nur durch unsere Vernunft zurückgedrängt werden kann, lasst uns noch ausharren, nicht zu schnell den Alltag zurückholen.

01. MAI 2020

Die Coronakrise nimmer ihren Lauf. Sie heben schon viele Verbote auf, doch keiner kennt so recht die Quelle. Irgendwann kommt die zweite Welle, dann geht es in die Vollen, sie wird uns gnadenlos überrollen. Heute denkt noch keiner daran was da noch alles passieren kann. Jeder Bürger steht für Normalität. Im Moment ist es wohl langsam egal, Hauptsache normal. Doch es wird noch lange keine Normalität geben, auch wenn sie schon viele Verbote aufheben, die Gefahr ist da. Jeder möchte sie herunterspielen, so geht es eben Viele. Die Gäste die jetzt so langsam in unser Ferienland kommen haben vielleicht für uns den Virus im Gepäck. Noch ist unser kleines Bundesland clean, doch der verdammte Virus wird mit unseren Gästen auch bei uns einziehen. Im Moment wird die Angst zurückgedrängt. Urlaub ist doch das schönste Geschenk.

Eigentlich kennen wir die Disziplin von den Politikern. Ist mal eine Krise zu bewältigen, muss man sie aussitzen, das muss der Bürger eben üben, denn der Bürger bekommt ja auch für das Rumsitzen kein Geld. Die Politiker bekommen ihr Geld ja wohl weiter,

auch beim „Aussitzen". Aussitzen, das Thema wird auf Eis gelegt, erst einmal eine ganze Zeit nicht mehr verhandelt. Die Politiker beugen sich dem Volk und den Unternehmen, obwohl das Risiko so groß ist, dass sie die Verantwortung gar nicht übernehmen können. Also dann heißt es wohl nur noch das Volk. Der Bürger ist doch kein Experte, nur die Politiker haben ärztliche Berater, Virologen usw.. Alle warnen vor zu schnellen anfahren der Wirtschaft, die Ernsthaftigkeit wieder einmal auf der Strecke. So lange nichts passiert ist ja auch alles in Ordnung, doch wehe, wenn die Kuh bekommt keiner mehr vom Eis.

Wenn diese Entscheidung der Öffnung aller Betriebe, wenn auch mit Auflagen, die in den Maße gar nicht eingehalten werden können in die Hose geht rollen Köpfe. Doch was soll den Leuten, die die Entscheidungen getroffen haben schon passieren? Ihr Posten wir neu vergeben, sind ja gut bezahlte Jobs, mit geringen oder keinem Risiko. Es finden sich wieder neue Leute für solche Positionen. Manchmal denke ich Corona, ein weltweit agierender Karnevalsclub mit einem Billionen Budget. Doch der Spaß geht wahrscheinlich zu weit, es gibt bei uns wohl auch heut noch Menschen, die haben von dem Virus und Corona gar nichts gehört. „Böhmische Dörfer" machen ihr Ding, ich bin doch nur allein auf der Welt. Ich hoffe, dass wir vielleicht mit ein paar Schrammen noch einmal davon kommen werden. Es wäre wünschenswert, dass der Virus sich abschwächt oder sogar ganz verschwindet.

Ich hatte im Vollrausch einen Plausch mit unserem Herr Gott. Hat er uns den Virus geschickt? Eine Warnung? Keine Ahnung. Oder hat er gerade wieder genascht und wurde auch von diesem Virus überrascht? Doch im Fall eines Falles weiß unser Herr Gott doch alles. Vielleicht wird es ihn nicht stören. Der Mensch wird auch schon wehren. Bis jetzt hat uns der Herr Gott ja immer geholfen. Wird es auch dieses Mal wieder so sein oder eher nein? Ich baue auf ihn, glaube an ihn, auch wenn der Satan einem immer im Nacken sitzt und lacht verschmitzt. Es ist unser Kampf mit beiden Kräften, bis jetzt hat unser Herr Gott immer gewonnen ohne zu übertreiben, das soll auch Bitteschön so bleiben. Er wird uns helfen aus dieser Miesere, habe die Ehre. Mit seiner Kraft haben wir schon so viel geschafft.

03. MAI 2020

Wir brauchen nirgends zu kriegerischen Auseinandersetzungen hinzulaufen. Wir versuchen uns „einfach" nur mal so mit Milliarden oder Billionen frei zu kaufen. Wer hat sich diese Taktik nur ausgedacht? Die ganze Welt hat mitgemacht, einen Virus zu verbreiten, heute sind mal eben andere Zeiten. Gaskrieg, Ölkrieg, Atomkrieg und jeder kriegt etwas davon ab, der Nutzen ist doch leicht gesagt, Zertrümmerung der Wirtschaftsmacht. Wer als erster sein Wirtschaft in den Griff bekommt, ist der Sieger aus diesem modernen Krieg und alle müssen sich nach dem Sieger richten. Je nachdem wie aggressiv der Virus noch ist oder erst noch wird. Das geht einem schon auf den Magen.

Die Stärksten haben das Sagen, im Moment regiert nur Corona als Waffe. Keine Bomben und Raketen, als nächstes kommt der Computerkrieg. Versuche hat es ja schon genug gegeben. Funktioniert genau so, der Schaden ist immens.

Wir sitzen zwar diesmal nicht auf Trümmern, müssen uns jedoch um unsere Psyche kümmern. Sehr wenig Kommunikation zermürbt schon. So bekommt man langsam die Grübellitis, was eventuell noch passiert oder passieren kann. Wie stark uns der oder das Virus noch zusetzen kann? Jede Unvorsichtigkeit ist oder kann tödlich sein, ziehen natürlich nur wenige in Erwägung. Alle haben Angst, aber nur die wenigsten geben es zu, wenn es so wäre, würde man wahrscheinlich vorsichtiger sein, oder man läuft in sein eigenes Verderben. Die meisten denken unsere Regierung und Politiker werden es schon machen, eben nicht die sind genauso ängstlich und unsicher. Es ist eine neu Materie, Attacke oder Virus-Krieg. Hört man ja immer wieder. So etwas haben wir in der Form noch nicht gehabt, doch das nützt keinem. Handfeste Entscheidungen müssen her und zwar sofort. Es ist genug Zeit verstrichen.

Alle wollen sie Zeit gewinnen, wofür noch, alles liegt am Boden, es ist immer noch eine Republik mit klaren Regeln und Gesetzen, auch im Notstand, Ausnahmezustand. Wir haben ein Riesen Gremium von Politikern und kommen nicht zu Potte. Jedes Bundesland entscheidet nach Gefühl. Einigkeit macht stark, wo bleibt sie die Einigkeit? Abstimmen nach dem Rat der Weisen. Es sind genug Fachleute, die die Lage einschätzen können, aber wohl nicht wollen. Wozu die Zurückhaltung?

Angst, dass man ausgewechselt wird? Die Abhängigkeit der Ärzte, Politiker, der Kammern Vertreter des Handwerks, der Wirtschaft, Gewerkschaften, Kirchen, jeder möchte mitreden. Es bringt nichts, ein Machtwort ist wichtig, also der Kanzler/in. Nur so kann es gehen. Wozu brauchen wir Leute an der Spitze, wenn da keine Entscheidung kommt?

04. MAI 2020

Das Virus, welches angeblich von Tieren übergesprungen ist, hat man ja oft fälschlicherweise behauptet, aber schon viele Jahre vorher wurde festgestellt, dass fast alle Tierseuchen auch in der Lage sind sich so zu verändern, dass auch Menschen davon befallen werden könnten, dass dieses Coronavirus der Fall ist. Auch die Vogelgrippe, Schweine, Kamel oder Kühe haben gerade Lungenkrankheiten übertragen. Heute wissen die Virologen schon sehr viel darüber aber lange nicht alles, denn die Viren verändern sich auch ständig und so muss auch ständig der Impfstoff angepasst werden. Also große Bevorratungen sollte man nicht anlegen. Kleine Mengen vorhalten, doch der Impfstoff ist auch nur begrenzt haltbar. Ist natürlich auch sehr teuer, so eine Vorratshaltung, wird ja auch nicht ständig gebraucht. Also auch teure Risiken der Kassen, der Versichertengemeinschaft. In der Ersten Welt erlauben wir uns das, doch in der Dritten Welt gibt es gar nichts, erst wenn es zu spät ist, dann wird es auch nur aus der ersten Welt bereitgestellt.

Tagtäglich kommen neue Meldung von Erkenntnissen und von neuen Infektionen, doch die Ungeduld der Menschen ist ungebrochen. Sie fahren durch die Republik, ob infiziert oder nicht, so können wir das Virus einfach nicht eindämmen aber keiner kann die Leute aufhalten. Auch die Forschung der Welt fungiert sehr unterschiedlich, auch mit der Zulassung der Impfstoffe mit denen teilweise sehr lax umgegangen wird, ja es steckt viel Potenzial an Arbeit und Geld darin. Wer als Erster auf den Markt ist mit dem Impfstoff kann und will reich werden, aber auch sehr arm, die Risiken sind sehr groß, wenn der Impfstoff vielen das Leben kostet und es nachweisbar ist. Doch wenn man wirklich erkrankt, ist greift nach allem was helfen könnte, wenn man davon verstirbt ist es denen sowieso egal, der braucht keine Regressionsansprüche mehr stellen. Es sind auch wenige die überhaupt einmal gegen einen Pharmariesen klagen.

Viele gehen heut schon wieder zur Tagesordnung über, haben ein wenig oder etwas mehr Wiedergutmachung bekommen; kann man ja auch nicht leben und nicht sterben davon, doch sie wollen und müssen ihre Geschäfte weiterführen oder wirklich Pleite anmelden. Auch die Kunden stehen vor der Tür oder suchen sich einen neuen Lieferanten und wenn sogar aus dem Ausland, wo die Wirtschaft schon wieder floriert. Aber wie lange der Virus immer noch allgegenwärtig ist weiß keiner, also Geschäfte auf Risiko. Doch der Markt läuft noch nicht Rund, manche Läden sind noch nicht wieder am Markt. Kann man gar nicht alle aufzählen. Die Fehler die jetzt gemacht werden, sind wohl gar nicht wieder gut zu machen, gerade wenn die Hygienevorschriften nicht eingehalten

werden können, gerade wegen der Maskenpflicht und der Abstandsregeln. Von Freunden wird man schon einmal angemacht, ob man sich nicht doch mal wieder treffen kann. Es sind einfach schon zu viele die es nicht einhalten.

Jeder kann gerade in Notzeiten unheimlich den Markt beeinflussen, mit den Ängsten der Menschen, gerade in unseren Breiten der „Ersten Welt", ob mit Krankheiten sämtliche Hilfsmittel zu kaufen oder auch Medikamente, die sogar ohne Rezept aus der Apotheke zu bekommen sind, zu einem fairen Preis. Reklame ist das größte Geschäft. Wer in diesem Markt einsteigt, hat ausgesorgt die meisten Kunden sind ja Markenpiraten, also werden schillernde Namen für Marken erfunden, ob das Produkt nachher auch so gut ist wie die Reklame es verspricht, weiß man nicht. Es wird ja weltweit vermarktet Hauptsache man ist mit dem Kauf dabei, koste es was es wolle. Fälschungen der Marken sind ja an der Tagesordnung. Futterneid in unseren Lande ist in. Alles haben was die Nachbarn und Freunde haben und in der Reklame geboten wird. Auch alle Mittel für und gegen Corona. Desinfektionsmittel, Schutzkleidung, Klopapier und vieles mehr. Wir kaufen alle leer!

Viren und Seuchen gibt es heut, gab es immer unendlich auf der Welt. Viele waren schon ausgestorben, viele hatten wir in Griff, doch jetzt hat Corona uns im Griff und zwar im Würgegriff. Viele verstehen es zwar immer noch nicht oder deuten es falsch, wir haben nur eine Chance: Zurückhaltung. Das wollen wir nicht, also müssen wir mit den Konsequenzen leben oder sterben. Seuchen und Krankheiten bei den

Menschen und in der Tierwelt, bei den Pflanzen und Insekte usw. wird es auch weiter geben, so bereinigt sich die Natur selbstständig – ist wohl ein normaler Zyklus. Wir Menschen haben die Bedeutung für die Natur verloren, weil wir fast keine Verbindung mehr haben, alles nur noch aus den Fahrzeugen erleben, ein Stück zu Fuß durch die Botanik könnte ja nicht schaden. Nein Bequemlichkeit ist alles, deshalb sind wir auch Zivilisationskrank, nur die Chemie hält uns noch so lange am Leben.

Auch meine Schriftseiten über Corona werden uns nicht weiser machen und auch nicht vernünftiger, vielleicht Denkanstöße, bevor man den Löffel abgibt, doch die Menschen zur Umkehr zu bewegen wird auch mir nicht gelingen. Alle wollen leben, konsumieren und kein Corona, deshalb wird der/ das Virus vom Tisch gewischt, doch so leicht wischt es sich nicht weg. Wir haben zwar angenommen es ist oder wäre nie bei uns angekommen, ist zwar nicht bärtig aber allgegenwärtig. Tod und Verderben, Hauptsache wir werden so eine Krankheit nicht weiter vererben. Hoffentlich haben wir endlich einmal gewonnen und kommen davon. Wann ist nur die Zeit der Sicherheit? Sicher kann sich wohl im Leben keiner sein, so ein Virus schleicht sich unbemerkt rein. Wir werden ihm irgendwie vernichten, nicht nur mit unseren Geschichten. Jeder hofft auf den erlösenden Impfstoff.

05. MAI 2020

Vielleicht geht es in erster Linie gar nicht um den Virus und um uns Menschenkindern, vielleicht wollten die Infizierten ja nur legal weltweit die Staatskassen plündern, denn die Währungen der Welt, die Aktien und die Börsen wackeln in ihren Fundamenten. Sicher sind wohl gar nicht einmal mehr unsere Renten, eines kann man ja unbestritten ausloben, für alles haben sie ja einen Sündenbock gefunden und der letzte Wink kommt von oben. Corona so stimmt es nicht und es läuft auch nicht rund, doch darüber hält jeder den Mund. Vor zwei Monaten heiß es noch, dass nichts mehr wird wie es einmal war und heute nach diesen zwei Monaten wollen alle die Situation normalisieren. Kann es doch gar nicht so schlimm sein oder gewesen sein, da sind die Vergleiche der Influenza oder der Vogel-/ Schweinegrippe usw. teilweise dramatischer gewesen und es waren viel mehr Infizierte und Tote zu beklagen.

Die Geschäfte mit der not laufen doch hervorragend, alle haben noch Zeit gewonnen den Bürger darauf einzuschwören Riesen Einschnitte ihn ihren, unseren Leben zu zulassen, Von dem was angesammelt wurde etwas oder zur Not alles abzugeben, das Großkapital ist ja auf Eis gelegt oder durch das Nichtstun verzehrt und aufgebraucht, nur der Normalbürger hat noch Rücklagen und da wollen alle ran. Dieses Rumgeeiere mit dem Öffnen der Geschäfte und der öffentlichen Gebäuden, Schule usw., dass es nicht geht von jetzt auf gleich, das ist für den Bürger doch sehr unglaubwürdig. Wer hat denn die Werbetrommel gerührt und an die richtige Stelle gebracht?

Dass dieser Virus, das Ende der Menschheit bedeuten könnte, es musste schon so aufgezogen werden, sonst hätte doch keiner so viel Geld bewegt. Jetzt alles als Aprilscherz hinzustellen geht auch nicht. Also kommt zu guter Letzt ein Zahlenspiel, hoffentlich sind wir dann unser Geld los.

Die Großindustrie ist am Ende, der Markt ist gesättigt, gerade bei dem Stahl, den Flugzeugen, Autos, Schiffen, Überproduktionen müssen wohl wieder eingestampft werden, auch die Lebensmittelproduktion in der Ersten

Welt ist fatal. Überall müssen wir dieses schleunigst überdenken, wenn es nicht schon zu spät ist. Unsere Wünsche, unsere Reisen und unsere Habe sind maßlos übertrieben, wir müssen zurück. Es gibt keinen Neuanfang, weil es auch keiner will. Jeder sagt Neuanfang nach uns, so reden alle und so wird es wieder nichts. Viele haben es inzwischen gemerkt, dass wir auch ohne Corona den Virus in unserer Wirtschaft, in unserem Lande die Misswirtschaft langsam überhandnimmt. Gerade jetzt wo es stockt merken alle das Gelder fehlen, die so manches Unternehmen über oder unter den Tisch erwirtschaftet haben, die man ja heute nirgends geltend machen kann, Einnahmen wo keiner Belege für hat. Schwarze Kohle oder Kassen.

Wenn man in so einer nicht alltäglichen Krise seine berechtigten Ansprüche geltend machen soll und möchte, braucht man ja Beweise, Belege, Legitimationen des Finanzamtes, überhaupt der sozialen Träger, was man wann, wo verdient und gezahlt hat, auch eben Löhne und Abgaben, Umsätze der Firma. Doch die bürokratischen Hürden sind sehr hoch,

sie zu überwinden ist für den einzelnen schon ein Kraftakt, da hat die Mafia, die hier schon reichlich tätig war und Erfolg hatte und Geld bekommen hat, zwar mit kriminellen Machenschaften aber es hat und hatte offensichtlich Erfolg, wurde aber erst viel später entdeckt, doch viele Gelder sind unwiederbringlich verschwunden und verloren, den Schaden trägt die Allgemeinheit, die Bürger unseres Landes. Auch bei unbürokratischen Erleichterungen braucht man doch eine totale Kontrolle, sonst kann sich in so einem Fall ja jeder nach Herzenslust bedienen und macht es ja offensichtlich auch.

Ist ja gut das der Staat bei so einer Seuche sich und die Mittel einsetzt für seine Bürger, wo jeder einzelne Bürger gar keine Chance hätte zu überleben, dann muss der Bürger aber auch sich nach den Vorgaben des Staates richten und folgeleisten und nicht sich der Anordnungen wiedersetzten, doch der Bürger sieht und hört die Uneinigkeit der Regierenden bildet sich natürlich auch daraus seine eigene Meinung, es heißt dann lapidar so ist es nun einmal in einer Demokratie, jeder Bürger hat Mitspracherecht, eher natürlich durch seine parlamentarischen Vertreter aber immerhin. Doch so viel Diskussionsbedarf, wie unsere Volksvertreter an den Tag legen, hat jeder unserer Bürger natürlich auch. So ist es sehr schwer Sanktionen zu verhängen/ durchzuführen und bei nichtbefolgen zu ahnden. Die Kontrollen sind eher spärlich außer die Bürger zeigen sich gegenseitig an.

Trotz oder wegen Corona, der Frühling ist da. Die Natur mit alle Macht, wie hat unser Herr Gott, dass einmal wieder gemacht? Die Pflanzen trieben, Knospen und Blüten, der Natur ist von dem Virus nichts anzumerken, die Tierwelt hatte schon lange Hochzeit, der Nachwuchs ist schon da, ist beim Federvieh schon flügge, selbst die Menschen drehen am Rad. Wer da noch keine Frühlingsgefühle hat? Die Vorsichtsmaßnahmen der Pandemie werden teilweise schon vernachlässigt. Keiner glaubt mehr an eine größere Infektionswelle. Wir hoffen ja sehr, dass es langsam abebbt, doch sicher ist es nicht, gerade wegen der schnellen Unvorsichtigkeiten. Statt dankbar zu sein, dass unsere Regierung viele Maßnahmen zur Eindämmung eingeleitet hat und noch immer einleiten, sind viele Bürger sehr ungehalten, wollen viel Gelder haben und trotzdem ihren Job machen, doppelt abkassieren. Bepöbeln unsere Helfer, die Regierung will alles und noch mehr, dabei soll jeder froh sein, wenn er mit dem Leben davon kommt.

Die Viren, die Bösen oder die Guten, sind meist gar nicht da wo wir sie vermuten, der Bösewicht kommt ja nicht ans Licht. Wahrscheinlich hat er eine 24 Stunden Schicht, nach meist langer Ruh schlägt er dann einfach zu, egal wie, wo, wann und was es ist, da gibt es dann keine Quarantäne Frist. Die Menschen sind ja auch nicht zu belehren und können sich dann

plötzlich nicht mehr wehren. Wie gefährlich gerade dieser oder dieses Virus ist, hat man ja weltweit vor Augen, doch andere Viren und Krankheiten sind auch gefährlich und keiner hält es für berichtenswert. Ich denke es ist und war wohl auch wirtschaftlich fällig, den Bürgern aufzuzeigen, dass die Bäume nicht in den Himmel wachsen. Einmal für eine gewisse Zeit die Füße still zu halten, das Geld und die Löhne einmal stagnieren zu lassen, wenn wir mit zwei blauen Augen davon kommen und relativ schnell unseren Alltag wieder bewältigen können oder dürfen sollten wir dankbar sein.

Doch egal wen man auch fragt, jeder weiß es besser. Hat eine andere Theorie, der davon noch nicht unmittelbar betroffen ist oder war, hat kluge Reden und oder Ausreden parat. Wir hoffen einmal das wir hier verschont bleiben, dass die Vernunft siegt. Diese jetzt wiedereinsetzen den Touristenströmen, die machen mir Angst und die unmittelbar Betroffenen Menschen auf den Schlachthöfen, die sich infiziert haben und vielleicht auch uns noch infizieren. Die Unvernunft der Menschen die jetzt Druck machen, alle Alltagsgenüsse und Reisefreiheiten fordern und Warnungen der Ärzte und Virologen in den Wind schlagen, treiben eine gefährliches Spiel auf den Rücken unserer Bevölkerung, unter dem Motto: „Wir haben kein Corona. Wir sind ja gar nicht betroffen." Die sollen sich bitteschön einmal das Heer der betroffenen Infizierten und Toten ansehen. Vielleicht fängt erst dann ein Umdenken statt.

23. MAI 2020

Unser endloses Thema. Alle Bundesländer haben die Einschränkungen gelockert, doch jedes Bundesland lockert für sich selbst unterschiedlich. Die Ministerpräsidenten entscheiden für ihr Bundesland, manche schaffen sogar schon die Maskenpflicht ab, wenn irgendetwas in die Hose geht, muss natürlich die Allgemeinheit dafür geradestehen. Jeder bringt unterschiedliche Zahlen der Infizierten vor und auch die Todesopfer. Die Interessen sind nur noch Vollbeschäftigung und alle Freiheiten die der Bürger und die Wirtschaft wünschen und natürlich weitere Höchstleistungen aus der Staatskasse. Die ganze Verantwortung wird wohl der Kanzlerin aufgebürdet, die heillos überfordert ist und die Notstandgesetze nicht durchsetzen kann oder nicht will? Das Virus soll sich gefälligst nach uns richten und wir nicht nach dem Virus. Doch es funktioniert leider nicht. Der Bürger genießt in vollen „Zügen", Flugzeugen, Autos, Autobahnen, Stränden, doch die Infektionszahlen gehen schon wieder hoch.

Das Lügenbuch mit den geschönten Infektionszahlen, der Todesopfer, der schon getesteten Personen, das Bereiten der Impfstoffe usw. Die ungeschönte Wahrheit soll und will wahrscheinlich auch gar keiner wissen. Der mündige Bürge muss selber wissen, wie er sich zu verhalten hat und um der allgemeinen Verantwortung, so der Thüringer Ministerpräsident, obwohl jeder weiß, dass viele unserer Bürger sich einen Scheißdreck kümmern, nehmen alle erdenklichen Vergünstigungen in Anspruch aber alles andere interessiert nicht.

Denn wenn etwas ist, sehen diejenigen nur den Staat in der Pflicht.

Wer hat uns denn den oder das Virus angehetzt? Er ist uns zugeflogen, also für jeden Bürger doch eigentlich das normale Lebensrisiko. Doch der Staat und die Versichertengemeinschaft fühlt sich in der „Pflicht" bevor noch Größeres passiert, durch die Unvernunft der Menschen, Bürger unseres Landes oder der Menschen weltweit. Unvernunft kennt keine Grenzen.

Corona geht weiter, ob es uns passt oder nicht. Es ist ein Virus, für uns ein Bösewicht, nur wenn wir uns benehmen, können wir ihm vielleicht zähmen. Dieses Für und Wieder schmettert uns alle nieder, dieses ewige Rumgeeiere, es sind einfach zu viele Meinungen und keine dabei die wirklich hilft. Wir tasten uns wie Blinde durch den Dschungel. Es gibt immer noch keine klaren Linien, jeder macht wie er denkt und keiner lenkt. Wir reißen uns immer tiefer in den Sumpf und keiner merkt es oder will es merken. Jeder wartet auf die große Hilfe, von selber kommt sie nicht. Das Virus ist von selbst gekommen und wird von selber wieder gehen, wie ein Tsunami aber reißt viele mit sich ins Unglück, in den Tod. Viele sehen diese Situation als Volksbelustigung, die uns aber teuer zu stehen kommt. Spaß war gestern, jetzt kommt „Ernst".

Viele Menschen, ob alt, ob jung sind auf Habachtstellung, doch manchen ist es egal, noch haben wir ja die Wahl. Irgendwann ist es auch mit der Auswahl vorbei, dann gibt es nur noch einen Weg Vogelfrei oder stirb. Noch glaubt keiner so sehr daran, dass noch schlimmeres passieren kann. Wer so etwas schon miterlebt, dass plötzlich doch die Erde bebt, das Virus dein eigenes Leben will, dann schweigen auch die Großmäuler still. Man soll niemals nie sagen und nur andere anklagen. Lieber doch einmal nachfragen, irgendwann braucht doch jeder jeden. Ist auf andere

Hilfe angewiesen, wenn der angebliche Feind dein Freund und Helfer wird, wenn manch einer vor Angst nur noch durch die Gegend irrt. Von Fremden gerettet wird, dann lässt man sich lenken und beginnt meist auch spontan umzudenken. Verbote kann man unterlaufen, doch sein Leben und seine Gesundheit nicht erkaufen.

Die Angst steht jedem ins Gesicht geschrieben, auch alle die bisher verschont geblieben, wenn sich jeder an die Regeln hält gibt es auch wohl bald kein Corona mehr auf der Welt. Wir werden als erster die Feuer entfachen, dass alle an einem Strang ziehen und mitmachen. Unser Ausruf darf nie verschallen, dass wir den Schlendrian verfallen. Wir verschaffen uns überall Gehör, wollen Corona nicht mehr. Nur durch strikte Einhaltung der Sanktionen wird sich für alle Menschen auszahlen und lohnen. Seuchen und Kriege sind und waren ein Martyrium für uns Menschen. Nur wenn wir zusammenhalten wird vieles möglich, die Virologen und die Ärzteschaft, Laboranten und die sich daran beteiligen, Geldgeber für die Forschung der Herstellung von Impfstoffen und natürlich die geduldigen Menschen, die so lange Zurückhaltung üben auf ein grünes Licht warten.

Die Unsicherheit der Bürger wächst. Einerseits soll man sich an die Hygieneregeln halten, andererseits werden fast alle Geschäfte und sonstige sportlichen Aktivitäten, Schulen, Restaurants, Schwimmbäder usw. geöffnet, doch die Abstandsregeln und Maskenpflicht müssen eingehalten werden. Festlichkeiten im privaten Bereich auch mit mehr als 10 Personen, auch mit Nicht-Angehörigen der Familie dürfen kommen. In Göttingen hat es ja nicht so geklappt, haben sich gerade im privaten Bereich infiziert. Es sind mehrere Hundert Leute betroffen. Die Medien verbreiten immer neue Lockerungen, die aber von Bundesland zu Bundesland doch sehr unterschiedlich sind und gehandhabt werden. Keiner weiß so richtig bescheid, wie es in seinem Bundesland gerade gehandhabt wird. Selbst in den Schulen wird sehr unterschiedlich entschieden, die Einhaltung der Maßnahmen ist, doch sehr unsicher und so gar nicht mehr einzuhalten.

Die Corona-Kritiker argumentieren nicht schlecht. Das Virus kam gerade recht, Politik und Wirtschaft und wie für die Großindustrie. Der Markt mit Autos, Schiffen und viele Elektronikartikel, Flugzeuge sind nicht nur veraltet sondern teilweise auch fehlerhaft. Die Reiseveranstalter wollten und wollen immer mehr, das Geld ist aber weg, die Kassen leer. Die Möbelindustrie will Zuwachs, Schuhindustrie, Textilindustrie, Getränkeindustrie, alle wollen mehr sind total verschuldet, wollen sich mit und durch Corona sanieren. Die Politik schiebt alle auf Corona, die Konjunktur war auf dem Höhepunkt, die Milliarden und Billionen die zusammengetragen wurden, werden jetzt verteilt. Auch gerade an die, die Misswirtschaft betrieben haben, können sich auf Kosten der Allgemeinheit und dem gemeinen Volk sanieren oder die Taschen vollstecken und aus dem Staube machen. Ist ja teilweise schon passiert.

Jeder merkt der Staat will helfen, bei so einer Krise, Seuche, doch die Hilfe wird falsch verstanden. Die Wirtschaft will ihre maroden Betriebe sanieren; bekommen billige Kredite zinslos. Teilweise brauchen sie gewährte Gelder gar nicht zurück bezahlen. Viele haben schon lange auf das Ersparte vom Finanzminister geschielt. Jetzt haben alle endlich einen Grund gefunden, den Staat in die Tasche zu greifen, sonst ist es ja immer umgekehrt, doch wenn der Staat Insolvenz anmeldet, dann können alle Bürger leiden, also Vorsicht. Normal hat jeder Bürger gerade in so einem Fall das Lebensrisiko, unsere Versicherung ist zwar der Staat aber auch nur auf goodwill. Doch der Staat hat ja eigentlich den Stillstand angeordnet. Eigentlich ist es ein Wunder, dass überhaupt noch etwas gelaufen ist, dass die meisten Versorger bis heute immer noch geliefert haben, gerade Lebensmittel und Energie.

Corona und die Maskenpflicht, man glaubt es nicht, da kann man nur in die Hände spucken, diese Masken nähen ist fast die Lizenz zum Gelddrucken. Jeder der nur irgendwie noch nähen kann, fertigt diese Masken an, die sogenannten Alltagsmasken.

Darf wohl jeder nähen oder näht auch jeder und vertreibt auch jeder. Verkauft ohne einen Cent für Steuern oder Selbstständigkeit, sehr überteuert, aus der Not wird viel Kapital geschlagen aber es gibt auch die andere Seite, es nähen viele Ehrenamtlich für Menschen, die sich solche Masken gar nicht leisten können. Diese Menschen nähen und geben die Masken kostenlos ab aber weltweit werden Milliarden für diese Masken bezahlt. Aus dieser Not wird richtig Kapital geschlagen. Zeitweilig war gar kein Gummiband zu bekommen, wenn überhaupt sehr überteuert. Mittlerweile ist der Markt etwas reguliert, doch die Geschäfte laufen immer noch gut, auch für Desinfektionsmittel, auch die Diebe sind selber auf diese Dinge gestoßen.

08. JUNI 2020

Corona weiß nicht was es will. Mal greift es um sich, mal hält es still, mal ist es nicht zugegen, von wegen es ist noch allgegenwärtig. Ist es aalglatt oder bösartig? Keiner kann und will es beschreiben, nicht verharmlosen aber auch nicht übertreiben. Man kann sich nicht wirklich wehren, so ein Virus kann einem schon das Fürchten lehren. Angst ist zwar ein schlechter

Berater, sagte schon mein Vater, Respekt vor allem was man nicht kennt, sich nicht zu erkennen gibt und seinen vollen Namen nennt. Ein Krankheitserreger, der seines gleichen sucht, es ist nirgends etwas offen, die ganze Welt ist betroffen. Wir wollen diesen Virus klein reden, hört man von jedem, doch die Virologen, die Ärzte, viele Verantwortlichen

sind skeptisch, doch lockern mehr und mehr. Sanktionen, sie sind sich nicht sicher und lassen sich unter Druck setzen, alle wollen zurück zur Normalität, doch noch ist es zu früh und noch lange nicht zu spät.

Es sind schon Qualen, wer anordnet muss den Schaden zum Schluss vielleicht bezahlen. Wir suchen den Schuldigen, es ist der, die, das Virus aber wer steht dahinter? Paul, Friedrich oder Günther? Nein, es sind Menschen, die einem oder dem Virus einen Namen gegeben haben. Plötzlich hat die ganze Welt die totbringende Krankheit, vielleicht ist es ja eine Grippewelle, die Influenza? Bloß mit einem anderen Namen, Geschäftemacher schlechthin, ich will und kann dies alles nur als Überlegung in den Raum stellen, man hört natürlich viele die auch so denken, doch keiner findet Gehör. Ich denke e ist ein gigantisches Geschäft mit der Angst. Die Zahl der Toten spricht eine deutliche Sprache, doch die Machtlosigkeit, weil es viel zu viele Meinungen gibt, die meist keine rechte Grundlage haben. Die Forschung steht immer noch am Anfang, die

Geschäftemacher haben natürlich schon teurere Mittel und die werden schon massenhaft gekauft.

Corona und kein Ende in Sicht. Ich glaube es nicht, es muss schon so lange dauern bis der letzte Cent verbraucht ist, jeder sein nicht ehrlich verdientes Geld abgegriffen hat, dann kommt das böse Erwachen. Jeder weiß es oder hat es gewusst, der Krug geht so lange zum Brunnen bis er bricht. Corona wird ausgeschlachtet bis zum geht nicht mehr. Plötzlich merken die Verantwortlichen das alle Maßnahmen nichts nützen, alle Gelder nicht reichen. Praktisch alles unnütz ist und war. Wir müssen auch diese Krise überstehen, wie vorher andere. Hilfe zur Selbsthilfe, es werden Riesen Hilfspakete geschnürt, die keiner real verantworten kann und will. Wir müssen ja auch die Weltgemeinschaft bedienen mit Hilfspaketen in Geldform. Wer weiß was den Ärzten und Politikern noch alles einfällt. Die Bürger rühren ja auch noch in der Suppe herum. Jeder schreit nach Normalität, doch wie geht das?

Manche von der arbeitenden Bevölkerung haben gar nichts vom Virus mitbekommen, haben aber teilweise geldmäßig davon profitiert, sind und waren genug die doppelt belastet und nichts dafür bekommen haben und auch nicht bekommen werden. Es werden wie so manches Mal Leute davon profitieren die nichts dafür getan haben. Ein Leben lang muss sich so ein Menschenkind eben mit solchen Kreisen auseinandersetzen, um diese Kreise von irgendjemanden bezahlt zu bekommen. Jeder, auch in einer Gemeinschaft muss damit rechnen, dass Einbußen in seinem Leben vorkommen können, es läuft nie so glatt wie die Menschen es sich wünschen. Das Leben ist kein Wunschkonzert. Wir sind ja heutzutage gegen alles und jeden versichert, doch mehr geht nicht, ein Restrisiko wird immer bleiben.

12. JUNI 2020

Zur Not verlierst du alle Rechte, welche ich als Bürger dieses Landes ja nicht möchte, doch ohne Hetze das Regeln sind in der Demokratie unsere Notstandsgesetze, um Schaden von Bürgern abzuwenden und wir nicht durch so eine Seuche irgendwann in einem Desaster enden. Deshalb möchte jeder gern und es wäre lieb, so schnell wie möglich wieder in den Normalbetrieb. Doch die Gefahr ist immer gegeben, die zweite Welle kommt mit Infektionen und es kostet wieder Menschenleben. Wir hoffen einmal es ist das jetzt gewesen, doch dafür gibt es keine Spesen. Alle wollen immer nur die Hand aufhalten, doch die Feuer müssen erst einmal erkalten. Es wird keinem so richtig schmecken, alle werden ihre

Wunden lecken. Die, die das Ufer erlangen, werden wohl von Neuem anfangen. Wie die Übung in den Nachkriegsjahren, wo wir alle arme Würstchen waren. Ohne Hass. Wir schaffen das.

Auf die Dauer macht Corona dich echt sauer, man hat keine Power und liegt nur noch auf der Lauer, wann ist der nächste dran, der sich eine Kiste bestellen kann. Es ist makaber so ein Gelaber, aber ist da etwas dran? Solche Gedanken muss man schon verdrängen, sonst lässt man sich nur noch hängen.

Es wirft einen auch zurück auf Längen. Also positiv denken, keinen Gedanken an die Pandemie verschenken. So hat man wenigstens einen Trumpf und zieht sich selber heraus aus dem Sumpf. Nur so geht es irgendwann vielleicht „normal" weiter auf der Lebensleiter.

Wie das Wetter mal bescheiden, mal heiter. Sonst bist du doch nur noch ein armer Reiter. Das Thema ist noch lange nicht ausgereizt, wir werden verheizt solange sich noch Leute überlegen, wie kann man noch irgendwie Kapital bewegen. Wir stehen auf der falschen Seite und rutschen mit in die totale Pleite.

Viele Stimmen sind da, die unsere Gesellschaft spalten, den Krisentopf am kochen halten, unser System ausschöpfen, uns zu Tode quälen. Alle sehen zu und keiner ist in der Lage die Bremse zu treten, so ist der Zug schon jahrelang am Fahren, um sich vor unserer Pleite zu bewahren, doch jetzt mit aller Kraft haben irgendwelche Leute es geschafft den Zug aus voller Fahrt zum Stehen zu bringen und z einem neuen Anfang zu zwingen. Ein Virus ist er geschönt oder echt, solche Intelligenz ist gar nicht schlecht. Die ganze Welt in Angst und Schrecken zu versetzen und einen auf den anderen hetzen. So langsam haben sie zaghaft Entscheidungen getroffen, doch viele Fragen bleiben offen. Wie will und soll man sich verhalten und diese Firma Corona Virus zu verwalten, sind es einmalige oder Dauerabgaben, es scheint als hätten wir eine Tür, dahinter ein Budget dafür.

So ein Virus kann man nicht vertrauen und einfach in die Tonne hauen, da muss man sich erst brav verkleiden, vielleicht wird dann das Virus mit dir leiden und nicht mehr an dich binden, vielleicht auch andere Wege finden, um für immer zu verschwinden.

14. JUNI 2020

Wer kann denn so naiv denken, so einen bösen Virus Vertrauen schenken, bis jetzt hat es sich ja gelohnt und hat mich schön brav verschont. Bisschen Glück muss man schon haben und lässt sich nicht so einfach lebendig begraben. Viele Menschen haben doch gut reden, erstellen Rezepte für jeden, doch selber sind sie nicht in der Lage, machen meist elektronisch ihre Abfragen, mit Meinungen und Zahlen anderer Leute, machen sie dann fette Beute. Plötzlich können sie laufen, um dieses Werk als ihres zu verkaufen. Sich einfach selbe einmal dazu Gedanken machen und dann daran zu halten und andere Meinungen zu spalten.

15. JUNI 2020

Corona, Vision oder Realität? Der Ausgang in den Sternen steht, so langsam soll jeder für sich entscheiden, bloß möglichst eine Infektion vermeiden, da kann man nicht einmal darüber lachen, wie soll man es bitteschön dann machen? Man läuft ja jetzt schon wie ein blindes Huhn durch die Welt.

Kontaktarm oder kontaktlos, wie machen ich es bloß? Vielleicht noch gedankenlos, wie ein Glücksritter mit Angst und Gezitter auf Gottvertrauen, die Zeit um die Ohren

hauen. Doch wie machen es die Menschen, die Tag für Tag ihren Job ausüben, Kundenkontakt haben, auch ohne Maske, Verbote mit Risiko, das kann ja auch nicht sein. Patentrezepte hat keiner, kluge Anweisungen gibt es massenhaft, doch die meisten sind nicht alltagstauglich, die Fahrschule, Autofahren mit Maske verboten, doch sie machen es trotzdem. So lang nichts passiert wird wohl weggesehen und wenn etwas passiert? Polizei?

Man ist schon fasziniert, wie ein Virus die ganze Welt traktiert oder für wie viel Geld zum Narren hält. Doch die Angst im Nacken, die alle Menschen packen, sie geben alles Vermöge, um zu überleben. Ist es klug oder genug? Abwarten und beten. Macht weiter so, werden wir überhaupt noch einmal froh? Lohnt es sich noch darüber nachzudenken oder einfach warten? Können wir noch irgendjemanden beknien und den Hals aus der Schlinge ziehen? Ist vielleicht alles Übertrieben, ob die Maßnahmen greifen? Kommt der Impfstoff am Jahresende und bringt die Wende? Oder nur einfach eine Hinhaltetaktik? Ein leises Versprechen um Geld und noch mehr locker zu machen, für die Seuche, die eigentlich in unserer Ersten Welt schon ein Fremdwort geworden ist. Gegen so einen Virus kann man sich natürlich schlecht wehren, wir müssen den „Erfindern" schon Glauben schenken und gar nicht mehr darüber nachdenken.

Corona ist das Schreckenszauberwort in jeder Stadt, in jedem Land, an jedem Ort. Es soll wohl bewusst so sein, sonst geht es nicht in die Köpfe rein, die Glaubwürdigkeit der Gefahr. Nur so wird es jedem klar, doch flächendeckende Aufklärung findet nicht statt, wie der Bürger es gerne hätte. Die Vieren, die Vermehrung der Infektionen und Ansteckung, der Verkauf der Krankheit, was sollte man tun und was tunlichst vermeiden? Wie lange kann es noch dauern bis wir zu Hause versauern, doch Ungeduld und die Lockerung der Schutzmaßnahmen sind wohl momentan noch der falsche Weg. Doch es gibt genug die legen sämtliche

Schutzmaßnahmen ab und lassen alles außer Acht, dass sie dabei alle anderen in Gefahr bringen, scheint diesen Leuten wohl egal zu sein. Hauptsache ich kann meine Wünsche erfüllen, der Druck der Behörden ist auch nicht mehr so eindeutig. Eiern herum mit Lockerung und Grenzöffnungen. Urlaubsreisen sind nun auch wieder möglich.

16. JUNI 2020

Wer sich mit diesem Virus infiziert, der wird der Gesundheitsbehörde gemeldet und als Seuchenfall registriert. Deshalb gibt es auch eine gewisse Dunkelziffer, wenn diese Leute nicht zum Arzt gehen und es selber auskuriert, doch die Gefahr und das Risiko viele andere Menschen anzustecken ist riesengroß, deshalb ist es im Seuchengesetz festgehalten, diese Menschen strafrechtlich zu belangen und im Sinne des Gesetzes als Straftat anzusehen. Es ist schon kriminell es zu

verheimlichen und dadurch die ganze Bevölkerung in Gefahr bringen, sogar den Tod billigend in Kauf zu nehmen. Warum die Menschen es teilweise nicht melden, ist die Angst der Registrierung und Träger einer Seuche zu sein. Allein mit diesem Makel zu leben kann schon ein Grund sein. Wiederum wird in den Medien verbreitet, dass man sich registrieren lassen kann, aber nicht muss, doch es handelt sich wohl um die App

Jeder Mensch braucht seine Schranken, nicht nur im Kopf, nein einen massiven Schlagbaum, nicht nur die Vorstellung er muss sie einfach sehen. Es ist eine Sache der Glaubwürdigkeit, mit diesem Sehen wird es einfach unterstrichen, sonst übertritt er die Grenzen zwar meist unbewusst. Ohne Schranke, kein Alibi, eine Beschränkung, eine eigene Einschränkung. Nicht nur für Menschen, auch die Tiere brauchen diese Verbote, ob Schranke oder Zaun, auch diese Schranken werden durchbrochen. Es gibt genug Menschen und auch Tiere die es nicht akzeptieren, nur solche Verbotsübertretungen müssen geahndet werden. Durch Schulung oder irgendwelche Strafen. Menschen kommen ins Gefängnis oder müssen Strafen zahlen usw.. Tiere werden festgebunden oder kommen in den Stall In unserem geregelten Leben ist schon alles vorgegeben, wenn man allein lebt gibt die Natur oder die Lebenserfahrung diese Schranken und Verbote vor.

Die Kunst so einen Virus zu besiegen, ihn möglichst aus dem Weg zu gehen und ihn gar nicht erst zu kriegen. So kluge Sprüche halten jung und das Virus existent und in Erinnerung. Ihn einmal nur zu vergessen, etwas ??? sein, schon fängst du dir das Virus ein. Hält man sich an die Vorgaben der Hygiene, Maske und die Abstandsregeln, sonstige Vorsichtsmaßnahmen, ist man auf der sicheren Seite. Doch eins ist klar so ein

Virus ist eben unberechenbar, gerade beim Einkauf in wohl allen Läden. Nur mit Maske und jeder beäugt jeden, nur vom Sehen ist es ein Virusträger., man lässt sich so schnell packen, die Angst sitz immer im Nacken. Keine Einkaufslockerheit, jeder rafft in kürzester Zeit dahin, dann Dampf auf die Waden und raus aus dem Laden. Einkaufen wird zur Tortur, Stress pur. Man fühlt sich jetzt in eine andere Welt versetzt. Es gibt natürlich Stellen, dort kann man den Einkauf nach Hause bestellen.

Auch wenn sie heute noch ihre Gesundheit genießen, die Infizierung mit dem Virus ist nie auszuschließen. Es kommen täglich neue Fallzahlen, sie sind schon wieder deutlich über eins gestiegen, doch alle reden von Lockerung. Dieses Durcheinander zeugt auch nicht von Sicherheit. Wo und nach wen sollen wir uns da noch richten? Präzise Antworten wird keiner geben. Wir haben es wieder wie immer selber in der Hand, dann kommt wieder „hätte, hätte, Fahrradkette". Wir sind all nicht zu beneiden und müssen wohl weiter mit unserer Unsicherheit leiden. Ein Schlachtbetrieb hat tausend Leute getestet, davon sind 650 infiziert, in der Fabrik ist Stillstand, dass kann sich eben schlagartig ausbreiten. Viele haben gar keine Maske mehr und halten auch die Abstandsregeln

nicht ein. Man kann sich nur die Leute vom Leibe halten, wenn man zu Hause bleibt, quarantäneartige Verhältnisse, nur notwendige Wege nach außen.

Wenn man so durch die Gegend hört, die ganzen Menschen reagieren sehr verstört. Weil es so etwas ungewohntes hier eigentlich gar nicht gibt. Denn Krankheiten auf dem sinkenden Schiff, halten wir doch immer im Griff. Da haben wohl welche mitgedacht und sich viel Mühe gemacht, fühlten wohl Ärzte und Virologen sich sicherlich sehr betrogen. Solch eine Krankheit ist ja gar nicht schön, schnell mal ein Impfstoff im Handumdrehen, da ist jeder Spezialist gefordert, werden nicht einmal schnell Medikamente geordert. Doch vielen Pleitegeiern ist es Recht, sie werden sich auf unsere Kosten sanieren und das gar nicht schlecht. Sie stehen brav und kess in der Schlange, warten auf die Beute und sind gar nicht bange, wo sie bisweilen unser Volksvermögen verteilen, sie meinen darauf Recht zu haben und lassen sich nicht das Wasser abgraben, noch ist nicht Ruhe, ist doch klar, Geld ist ja da.

Man macht schon einmal Spaß, zu so einem ernsten Thema, was hat denn so ein Virus für eine Chance? Das können vielleicht nur Ärzte, Virologen oder Chemiker beantworten. Doch der Normalbürger soll doch nicht hinter die Kulissen schauen, dann verlieren die hochstudierten Leute noch ihr Selbstvertrauen. Vielleicht gibt es ja eine explosionsartige Vieren

Vermehrung, diese Vermehrung einzudämmen kann doch nicht mit Maske und Desinfektionsmittel hemmen, oder? Vielleicht gibt es ja ein schon existentes Mittel, aber man kann es nicht so aus dem Ärmel schütteln. Mit Ungeduld ist wohl nichts zu erreichen, die Forschung wird schon nach höchster Sicherheit alles abgleichen. Bis dahin ist eben noch höchste Vorsicht geboten, jeder muss es eben für sich selber ausloten, man braucht eben für sich selber nichts hervorkramen , wir haben ja Vorgaben für die Vorsichtsmaßnahmen.

Das Virus ist für die ganze Welt eine Riesen Last, da hat irgendjemand nicht aufgepasst. Vielleicht ist es eine abgelaufene Frist, damit wir endlich einmal wieder merken, wie verletzbar die Menschheit ist. Die stimmen werden leiser, von diesem Aufschrei sind wir alle nur noch heiser, der Schaden nicht nur am Menschen ist unermesslich. Viele finden den Kapitalschaden einfach grässlich. Die ganze Welt denkt nicht oder nur nebensächlich an die Menschen. Nein nur an Geld, Kapital ist noch irgendwie ersetzbar, doch die Millionen Toten Menschen haben wie so oft keinen Wert, werden einfach unter den Teppich gekehrt. Viele die davonkommen und überleben wollen sich mit dem Tode nicht abgeben. Die Angst geht zwar um, aber viele stellen sich dumm; denken nicht an Sicherheitsmaßnahmen, nur an Profit, Geld, Konsum, alles andere zählt nicht auf unsere schnelllebige Welt.

Fängt der Mensch erst an zu denken kannst du ihm kaum noch Glauben schenken, denn das Denken der Gedanken ist ein denkloses Denken der Gedanken. Denn die Politiker haben entschieden und das Denken tunlichst vermieden. Über so einen gravierenden Fehler der Menschheit einen Seuchenvirus freizusetzen, der im schlechtesten Fall die ganze Menschheit ausrotten kann. Jeder hat einen anderen Spruch auf den Lippen, man soll doch keine schlafenden Hunde wecken, oder nicht die Pferde scheu machen, langsam hört der Spaß auch einmal auf. Die ganze Welt setzt ihr Volksvermögen ein, um Corona einzudämmen, viele scheren sich ein Dreck darum, leben ihren Alltag weiter, solche Leute haben den Virus eben weiterverbreitet, aus Sorglosigkeit, diejenigen sollen den Schaden bezahlen. Die Menschenleben die es schon gekostet hat kann keiner bezahlen und die Menschen auch nicht zurückholen.

23. JUNI 2020

Es soll sogar Leute geben, die infiziert sind und bewusst andere Menschen anstecken. Man kann es natürlich schlecht beweisen, wenn Leute mit dem Virus infiziert sind und durch die Gegend reisen. Es sind kriminelle Energien, die da durch die Lande ziehen, wenn diese Leute wie auch immer entdeckt werden oder sogar sich selber verraten, um sich damit zu rühren oder manchmal, Gott sei dank verraten werden, das Risiko wird es wohl immer geben, verantwortungslose Menschen, die kein Gewissen haben oder gar nicht über so ein Risiko nachdenken. Wir müssen da immer mit der Aufklärung nachbessern. Auch kriminelle kann und sollte man bekehren, dass diese Menschen ihre inneren Aggressionen woanders abreagieren. Es sind meist kranke Menschen, die nicht ernstgenommen werden, sich so in den Mittelpunkt stellen wollen. Wir wissen diese Risiken können sie wohl nie ganz abstellen.

25. JUNI 2020

Corona kann langsam keiner mehr hören, doch das wird wohl jeder schwören, das Lied ist noch nicht ausgesungen. So hat es mir doch irgendwann in den Ohren geklungen, ein paar Ärzte und Virologen waren noch ganz bloß, da kommt noch was, Infektionen auf und ab. Irgendwann bringen sie uns noch alle ins Grab. Mit der Zeit verschwindet die Ernsthaftigkeit, es ist schon sagenhaft, wo bei den Aufklärungen noch überall eine große Lücke klafft. Es ist bei vielen, gerade kleinen Selbstständigen die Existenznot, sie wurschteln so weiter und hoffen, dass nichts passiert. Es ist doch nur um Zeit zu gewinnen, ein Verschieben der Realität. Irgendwann ist es so wieso zu spät. Damit machen wir unsere ganze Geschäftigkeit zu Nichte. So sterben wir bestimmt nicht nach Selbstständigkeit, wir verspielen wertvolle Zeit. Die Unterstützung des Staates ist schon sehr begrenz, viel Papierkrieg bis man überhaupt Hilfe erfährt.

Gehst du heut zu einem Freund, so durch die Gartenpforte, kommt er dir schon entgegen, denk an Corona, ja das ist doch die neue Kartoffelsorte, aber auch viel Pflanzen mit gleichen Namen. In diesem Jahr coronat es hinter jeder Ecke, ob ich auch mit Corona meine laufenden Kosten decken kann? Corona ein Albtraum, hoffentlich auf Zeit und nicht ein Leben lang. Corona ein Fass ohne Boden, es kommt immer mehr heraus, die großen Pleitefirmen, die nur auf Corona gewartet haben, sehen es al Rettungsanker. Vater oder Mutter Staat solls richten, teilweise wird eine staatliche Bewilligung angeboten, doch es ist ein Ding auf Zeit. Haben Firmen sich mit Staatsknete saniert, werden diese sich auch schnell wieder von der Umklammerung lösen. Haben sie sich von allen Lasten befreit, auch die Belegschaft halbiert natürlich auf Kosten von Corona. Corona zahlt alles?

Corona ist Ansichtssache, ist es Terror oder Rache? Wir Menschen wollen uns ja nicht huldigen, aber wir brauchen einen Schuldigen, sowie bei der Versicherung, die haben auch lange Geduld, aber irgendwann kommt, "Wer ist schuld?". Die haben ja noch ein paar Wahlen, irgendeiner muss es ja bezahlen Punkt doch wer hat Corona über uns gebracht? Viele werden beschuldigt aber wir haben keinen Schuldigen. Wird keiner ausfindig gemacht, bezahlt jeder seinen Schaden alleine, passiert es dann wohl sein, wir haben das Ding selber der Backe. Oh weh, das wird eine teure Tasse Tee. Da müssen wir schon tief in die Tasche greifen, doch irgendwann, wenn es noch länger dauert, sind die Taschen leer. Dann müssen wir wieder Schulden machen, das kennen wir ja schon und dann fangen wir wieder von vorne an. es ist einfacher gesagt als getan. Wir wollen uns sollen ja auch noch andere Länder unter die Arme greifen.

Corona da haben alle mit zu tun, es ist im Moment der größte "Arbeitgeber". Alle sind beschäftigt, es bringt nichts ein, als nur Ärger und warten. Täglich kommen neue Instruktionen, jeder weiß es besser, das Wichtigste ist, dass die Infektionen zurückgehen. Doch es ist teilweise nicht der Fall, jeder schön seine Zahlen, lügt sich in die eigene Tasche, Hauptsache die Geschäfte laufen wieder, aber wie lange? Es sind auch Genehmigungen wieder zurückgefahren, weil die Sicherheitsstandards einfach nicht eingehalten werden. Je voller die Straßen, Geschäfte, Strände desto weniger werden die Abstände eingehalten, aber die Einsicht ist von allen Seiten nicht gegeben. Die Ordnungskräfte rufen nur noch ins Leere, werden bepöbelt und ausgelacht. Nachher wird wieder der Schuldige gesucht, also die Aufsichtskräfte.

Corona macht sich immer noch breit, der Mensch ist der Faktor Unsicherheit, da kann man vor Wut erblassen, doch auf Menschen kann man sich einfach nicht verlassen. Nur vielleicht solange er in Rufweite ist, sonst macht er meist nur Mist. Naja, es gibt schon genug, die sich an die Abmachungen halten, doch nur, wenn es um Profit geht, sonst gibt es keinen der da hinter steht. Corona wird schon eine langwierige Sache, viele die ihrer Arbeit nachgehen, denen sind natürlich, die Vorsichtsmaßnahmen lästig. Die Ernsthaftigkeit wird dann schon einmal oder für immer in die Ecke gestellt, nur bei einer mehr oder weniger angemeldeten Kontrolle, geht jeder noch einmal in Volle. Suggerieren den Kontrolleuren, die Entfaltung der Einhaltung. Kontrolleure sind auch nur Menschen und „unbestechlich", wenn wir keine Selbstkontrolle ausüben, bekommen wir das Virus ohne Impfstoff nicht in den Griff.

Corona bei vielen Menschen einmal nachgefragt, die haben das Thema schon längst abgehakt. Es gibt natürlich andere Seiten, die sich zu Hause in der Wohnung verbarrikadieren, Essen und Lebensmittel vor die Tür stellen lassen. Monate lang nicht vor die Tür gehen, beides übertriebene Einstellungen, der Mensch braucht wahrscheinlich immer das Extreme. Natürlich um aufzufallen – eine Sonderstellung in der menschlichen Gesellschaft einzunehmen. Doch der einzelne Mensch ist auf unsere Welt eben ein Unikat, will und muss sich überall einmischen und einbringen. Ab und zu in Erscheinung treten, vielleicht um zu sagen: „Ich bin noch da" aber es interessiert nur Wenige, höchstens im unmittelbarem Umfeld. Sonst sind wir ein Staubkorn in unserem Universum auf unserer Welt. Warum wir uns so schwer an Regelunge halten, ist wohl ganz natürlich. Keiner hat mir was zu sagen, zu verbieten usw.. Unterwürfigkeit ist für den Menschen ein Greul.

28. JUNI 2020

Ist es auch noch so schlimm, es lädt den einen oder anderen ein zu träumen; den Weltmarkt aufzuräumen. Kapital und Industrie einmal wieder in Einklang zu bringen. Man produziert nur des Produzieren-Willens, so viele Waren und Kapital, was im Grunde keiner übersehen und gar nicht gebrauchen kann. Doch diese Botschaft muss in der ganzen Welt auch auf Verständnis stoßen. Die Gier die im Menschen fest verwurzelt ist, muss bekämpft werden - jeder muss mithelfen und umdenken. Es wird noch einen Riesen Kampf geben, genauso wie gegen Corona. Es wird nur gewonnen, unter dem Motto „Wir sitzen alle in einem Boot". Dieser Kampf ist erst beendet, wenn jeder gesund an Land ist. Zufrieden ist, dass man diese Odyssee überstanden hat, dieses Umdenken kann noch Jahre dauern, genau wie das Virus. Doch wir müssen einfach einmal anfangen. Nur Erfolge motivieren.

Corona, das waren noch Zeiten manche sehen Corona schon als Vergangenheit an, dabei ist das Virus noch allgegenwärtig und brandgefährlich. Es ist erschreckend, wie die Menschen mit der Gefahr umgehen, aber das ist eben all zu menschlich, noch ist man gesund - noch einmal davongekommen – doch es ist noch lange nicht vorbei. Der Mensch ist ein Blender, die Angst im Nacken, doch es wird ignoriert, aber es wird verdrängt. Was solls auch, sich jeden Tag unter Druck setzten zu lassen? Oder von anderen unter Druck setzten lassen? Von allen Seiten gewarnt und ermahnt zu werden, wenn die Einsicht nicht von einem selbst kommt ist es zwecklos. Wenn man diese Dinge nicht gelernt hat, muss man es eben lernen oder untergehen, alles andere ist ja nicht von einem selber und verblasst zu schnell. Die Mahner sind unter uns, lassen wir sie links oder rechts liegen.

Wie konnte nur so ein Virus in der Welt unkontrolliert heranreifen, ist wohl für uns Normalbürger schlecht zu begreifen. Doch wenn wir ihn schon einmal haben, können wir ihn ja auch benutzen. Zweckentfremden, nicht nur für Infektionen, kranksein und Tod, sondern als Alibi, um unsere Wirtschaft zu sanieren, unser überflüssiges Geld unterzubringen. Corona ist im Moment für alle Ausreden gut. Jeder druckst und nickt ab. Alles im Sinne der Welt und Volksgesundheit, denn von unserer Insel Fehmarn bis zum Bodensee, die Einschränkungen tun wirklich weh. Vor allem unsere Volksfeste und an der Nord- und Ostsee, die lieben

Badegäste. Jetzt in der Ferienzeit kommen die Gäste von weit und breit, hoffentlich geht es gut, die Reisebranche, Pensionen, Restaurants du Hotels sind guten Mutes. Hauptsache irgendjemand tut es, den ersten Schritt, da machen bestimmt alle mit.

Das ist nicht übertrieben, wir Fischköppe sind vom Virus meist verschont geblieben. Schleswig-Holstein, Ost- und Nordsee, Meck-Pom und die Insel, haben sich abgeschirmt -bis zuletzt - und ihren Plan, trotz allen Unkenrufen durgesetzt. Doch jetzt zum Ferienbeginn driften alle Gäste fast auf einmal hier oder dort hin. Auslandreisen sind nicht sehr angesagt und auch nicht gefragt, die Hoffnung auf ein bisschen Vernunft, rettet vielleicht die Reisezunft. Hoffentlich gibt es nicht solche Deppen und werden uns die Seuche hier reinschleppen. Aufpasser gibt es ja wohl genug, doch handeln sie konsequent und klug? Wollen nur das beste von und für die Gäste. Nicht nur scherzen, denn die Gesundheit von allen Menschen liegt uns allen sehr am Herzen. Florierende Geschäfte sind das eine aber nur dann, wenn man den Gästen auch Gesundheit garantieren kann. Jeder kommt zum Testen dran.

Wir haben lange genug gewartet jetzt wird durchgestartet. Erst ein Test um die Gesundheit zu beweisen, dann könne wir endlich verreisen. Wir müssen jeden wachrütteln, um das Virus ein für alle Mal abzuschütteln. Damit es endlich jeder versteht, dass es nicht um irgendwas, sondern um Menschenleben geht.

Wir wollen uns im Urlaub und den Ferien nicht vergraben, sondern Spaß und keine Angst vor Krankheit, Seuchen und Gefahren haben. So wie immer die Ferien und der Urlaub in Deutschland waren.

Da ist auch etwas Zeit, für unsere Sicherheit. Denn Corona ein Buch voller Fragen, was hat ein Fischkopp dazu zu sagen. Bei uns gibt es kein Corona, keine Gewalt, so ein Fischkopp lässt so eine Nachricht völlig kalt. Hauptsache es kommen keine Deppen, werden uns noch so einen Virus reinschleppen. Wir werden dann zum Wasser laufen und das Virus glatt ersaufen.

29. JUNI 2020

Corona wird nicht mehr gebraucht, das Thema haben wir aufgebraucht. Je mehr wir uns um so ein Virus kümmern, wird die Sache doch nur noch verschlimmern. Das Virus ist nicht mehr existent, Corona hat die Zeit verpennt. Das Virus verliert hoffentlich seine Kraft, mit zäher Ausdauer haben wir es geschafft. Corona wird von uns vergraben, so etwas wollen wir nicht noch einmal haben. Ab sofort werden wir die Ferien und Urlaub genießen Corona ist jetzt nicht mehr dran, weil keiner es mehr hören kann. Corona, eine alte Leier, zuletzt wird daraus noch eine Weihnachtsfeier. Corona, jetzt ist wirklich Schluss, unser Ferienwetter ein Hochgenuss. Corona werden wir nicht noch bespaßen, wollen uns von dem Virus nichts mehr gefallen lassen. Corona bringt mich negativ auf Touren, hat schon viel zu viel Gebrauchspuren. Corona wer nur daran denkt, bekommt sogar noch ohne Arbeit Geld geschenkt.

Die Reisebüros sind schon am Anpreisen, nach Corona, wieder zu verreisen, die Leute sind von reisen umgepolt. Gerade die, die von einer Weltreise zurückgeholt wurden, sie hatten ja die Wahl, müssen heute noch für die Rückreise bezahlen. Viele haben schon wieder die Auslandsreisen Zeit, haben keinen Tag bereut, wenn wieder einmal so etwas passiert, werden die Leute wieder vom Heimatland nach Hause zurückgeführt. Die Deutschen sind trotz horrenden Preisen immer noch bereit durch die Welt zu reisen. Viele lassen sich gar nicht gegen Seuchen und Krankheiten impfen, aber nachher gegen jeden und alles schimpfen. Alle wollen Party, doch für die eigene Sicherheit ist keine Zeit, auch die anderen Leute werden dadurch leichte Beute. Wir machen heute auf die feine Art und bilden einen Corona-Rat. Wir lassen uns von jedem und über alles beraten, doch machen es so wie andere es vor uns taten. Gar nichts.

Fortsetzung folgt...